HERDERBÜCHEREI
»TEXTE ZUM NACHDENKEN«

HERAUSGEGEBEN VON
GERTRUDE UND THOMAS SARTORY

BAND 1549

W0200297

»Texte zum Nachdenken«
In den Büchern der Menschheit ist eine Fülle von Texten zu finden, die das Bewußtsein weiten und verändern, die Seele wandeln. Vorausgesetzt, man liest diese Texte wieder und wieder, läßt sie immer tiefer eindringen in Geist und Herz. Hier trennt nicht die Fremde der Zeit oder die Ferne der Kontinente, denn in tieferen Schichten der Seele sind alle Menschen einander verwandt.
Diese seit Jahren bewährte Reihe der Herderbücherei wurde von Thomas und Gertrude Sartory begründet. Eine Reihe von Dichtern und Denkern, Heiligen und Weisen kamen in ihr bereits zur Wort. In jedem Band wird eine andere Gestalt oder Tradition für Leser von heute erschlossen, jeweils unter einer Fragestellung, die uns in unserer Zeit besonders bewegt. Die schöne Gestaltung eines jeden Bandes lädt zum verweilenden Lesen ein, aber auch zum Verschenken.
Seit dem Tod von Thomas Sartory († 1982) führt Gertrude Sartory als Herausgeberin die Reihe weiter. Dr. iur. can. Gertrude Sartory, 1923 in Hamm geboren, ist freiberuflich als Publizistin tätig.
Ihre Anschrift: 8301 Niederaichbach bei Landshut.

Dieses Buch ist der 59. Band in der Reihe »Texte zum Nachdenken«.

Margot Schmidt, geboren in Berlin, studierte Germanistik, Philosophie, Englisch und Französisch und promovierte 1952 in Freiburg im Breisgau über Mechthild von Magdeburg. Drei Jahre Studium der Syrologie in München und Forschungsarbeit über den theologischen Einfluß Ephräms des Syrers auf das Abendland. Publikationen und Editionen aus dem Gebiet der mittelalterlichen Mystik und ihrer Verflechtung mit der Vätertheologie. Als wissenschaftliche Assistentin am Dogmatik-Lehrstuhl in Regensburg. Mitarbeit am Forschungsvorhaben für Askese und Mystik des Mittelalters. Seit 1979 Fortsetzung und Leitung dieses Forschungsvorhabens an der Theologischen Fakultät der Katholischen Universität Eichstätt.

MECHTHILD VON MAGDEBURG

»ICH TANZE, WENN DU MICH FÜHRST«

EIN HÖHEPUNKT
DEUTSCHER MYSTIK

Ausgewählt, übersetzt und eingeleitet
von Margot Schmidt

HERDERBÜCHEREI

Originalausgabe
erstmals veröffentlicht als Herder-Taschenbuch
Buchumschlag: Willy Kretzer

Alle Rechte vorbehalten – Printed in Germany
© Verlag Herder Freiburg im Breisgau 1988
Gesetzt in der Times-Antiqua (Digiset)
Herder Freiburg · Basel · Wien
Gesamtherstellung:
Offizin Herder in Freiburg im Breisgau 1988
ISBN 3-451-08549-6

FÜR
ERNST REITER
ZUM 60. GEBURTSTAG

INHALT

HINFÜHRUNG ZU DEN TEXTEN

Ähnlich wie Hildegard von Bingen (1098–1179), die, blitzartig vom strahlenden Licht getroffen, unter dem Zwang einer inneren Stimme angetrieben wird: »Schreibe auf, was du siehst, und sage, was du hörst!«, meldet sich eine Generation später Mechthild von Magdeburg (ca. 1207–1282) zu Worte. Auch sie gerät, vom göttlichen Licht überwältigt, in den unausweichlichen Zwang zu schreiben. Zu ihrem Leidwesen muß sie im Gegensatz zu Hildegard, die nie in direkter Weise persönliche innere Erfahrungen zur Sprache bringt, von ihrem »Geheimnis mit Gott« sprechen und »sich selber künden« (III, 15). Ihre persönliche Erfahrung jedoch sprengt alle rein subjektive Bezogenheit, angefangen vom Ursprungsgeheimnis, dem »fließenden Licht der Gottheit«, das seine »Gnade nicht zu halten vermag«, bis hin zur keuschen Verhüllung, daß sie über »den erhabenen Genuß« Gottes Mitteilungen machen muß, »aber die ganz besondere Erfahrung soll allen für immer verborgen bleiben, außer mir allein«. Dennoch versteht sie ihr Buch keineswegs als eine esoterische Lektüre, sondern weist ihm eine öffentliche Aufgabe zu und beteuert, daß ihre Niederschrift ausschließlich »Gott zur Ehre« und »wegen des Buches Lehre« geschieht, das lebendige Innere drängt danach, sich zu äußern, so daß sie beispielsweise mit ungläubigem Erstaunen bekennt, daß »Gott stets größer und wunderbarer auf mich gefallen ist« (IV, 12).

Im Taumel zwischen beseligender Ekstase und hartem Aufschlag der irdischen Wirklichkeit wird sie hin- und hergerissen zwischen der unfaßlichen Gotteserfahrung einerseits und der Unsicherheit und dem Schrecken andererseits, sich in eine ungeschützte Exponiertheit hineinzubegeben, so daß sie in ihrem Herzen abwägt: »Ich fürchte Gott, wenn ich schweige, und fürchte aber (auch) unverständige Menschen, wenn ich schreibe«, ja angesichts der unerhörten Aussagen und freimütigen Kritik betet sie, »daß sie nie ein Pharisäer lesen möge« (III, 1). Wie die Worte der Heiligen Schrift allen auf Gedeih und Verderb und im guten und schlechten Verständnis ausgeliefert sind, weiß sie, daß auch ihr Buch nicht allein auf Geistesverwandte, sondern auf Ahnungslose, schlimmer noch auf Mißgünstige, Verächter, Wortverdreher und Karikaturisten stößt. Leidvolle Erfahrung, zumindest gute Menschenkenntnis, sprechen aus ihrer Gebetsanrufung: »Herr, behüte mein Buch vor den Augen verlogener Aufmerksamkeit, denn sie stammt aus der Hölle und wird gezeugt in Luzifers Herz, geboren aus geistlichem Hochmut und genährt im Haß« (II, 26). Fürchterlicher kann die Verfolgung gegenüber eigenständig Schreibenden nicht gebrandmarkt werden. Dennoch, trotz vorhersehbarer Übel, Mißverständnisse, ja möglicher Anfeindungen und Gewaltsamkeiten, unterzieht sie sich ihrem Schreibauftrag, sie ist von ihrer Sendung überzeugt und nennt im Vorwort mit unglaublicher Sicherheit im Blick auf das Lesepublikum den Sinn ihrer Niederschrift: »Dieses Buch sende ich nun als Boten allen geistlichen Menschen, beiden, den schlechten und den guten, denn wenn die Säulen fallen, dann kann das (Kirchen)Gebäude nicht überdauern.« Der Aufbau der Kirche, gefährdet durch den Zerfall der Säulen – der Geistlichen, unter denen Mechthild die Domherren in ihrer gelegentlichen Drastik als »stinkende Böcke« bezeichnet (VI, 3) –, soll durch ihre einzigartige Beziehung zu Gott schöpferische Impulse erhalten, um den ausgehöhlten Glauben in neuer ganzheitlicher Perspektive zu erfassen, da er den Menschen in seiner Totalität ergreift. Die totale Gottesleidenschaft ist das Thema ihres Buches. Ihre mystischen Erfahrungen in der Faszination unmittelbaren Erlebens erhalten Botenfunktion für den Aufbau und die Stärke der Kirche; ihr Buch führt also über ihre Person hinaus. Warum? »Gott selbst spricht die Worte, deshalb soll man es mit Freuden aufnehmen«, so betont es die Überschrift des Vorwortes. Auch der Titel ihres Buches wird ihr von Gott eingegeben. Auf ihre Frage: »Wie soll das Buch heißen?« erhält sie die Antwort: »Es soll heißen ein fließendes Licht meiner Gottheit« (Vorwort). Das erleuchtende Licht der Gottheit präzisiert Mechthild als »Kraft des Heiligen Geistes«, die in einem ganzheitlichen Prozeß Geist, Sinne und Leib durchdringt, so daß sie gleichsam existentiell in geistiger und organischer Vitalität die Göttlichkeit des Buches bezeugt. Ähnlich äußert sie sich, wo sie Rechenschaft ablegt über die letzte Voraussetzung ihres Schreibimpulses, daß ihr nämlich auf geistliche Weise das Übersinnliche sinnenhaft hörbar, fühlbar und sichtbar wurde; sie sagt: »Ich will und kann nicht schreiben, ich sehe es denn mit den Augen meiner Seele und höre es mit den Ohren meines ewigen Geistes und empfinde in allen Gliedern meines Lei-

bes die Kraft des Heiligen Geistes« (IV, 13). Der Nachdruck auf göttliche Urheberschaft kennzeichnet den inspiratorischen und prophetischen Rang ihres Buches, der mit ihrer eigenen geringen Person nichts zu tun hat: »Mir, einer armseligen Frau, befahl er, dieses Buch aus Gottes Herzen und Mund zu schreiben« (IV, 2). Auf ihre Fragen und Zweifel, warum gerade sie und nicht »ein gelehrter, geistlicher Mann« sagt ihr Gott: »Es ist mir vor manchem Professor der Hl. Schrift, der vor meinen Augen dennoch ein Tor ist, eine große Ehre und stärkt die heilige Kirche überaus, wenn der ungelehrte Mund die gelehrte Zunge aus meinem Heiligen Geiste belehrt« (II, 26). Mechthild versteht sich in ihrem Schreibauftrag rein instrumental als Medium für Gottes Gegenwart und Wirken im Menschen, dessen innere Stimme ihr versichert: »Ich bin das Licht, und deine Brust ist der Leuchter« (III, 12), um durch sie die unvorstellbare Verbindung vor aller Augen sichtbar zu machen. Wenn es bei Mechthild häufig heißt: »Gott sagt« oder »Gott spricht zur mir«, ist wohl immer Christus, die zweite Person der Gottheit gemeint. Denn ihr Denken wurzelt im trinitarischen Gottesbild mit seinem geheimnisvollen Ursprung und Wesen, der Liebe, die Gott ist, und die sich in der Menschwerdung des Gottessohnes offenbarte.
Ihr Beichtvater, Heinrich von Halle, bestätigt am Schluß des 6. Buches: »Dieses Buch ist aus der lebendigen Gottheit in Mechthilds Herz geflossen« (IV, 43). Sie selbst stellt es in die Reihe der »schnellen Boten« unter die zeitgenössischen Heiligen, wie die heilige Elisabeth von Thüringen, und erklärt: »auch mein Buch ist ein Bote«. Da sie nicht wie die von ihr bewunderte Frau Jutta von Sangershausen bei den

heidnischen Preußen (um 1260–1264) in der Nähe von Kulm missionarisch durch Wort und Beispiel für die Verbreitung und Festigung des Christentums wirken konnte, schickt sie ihr Buch schon vor der Erfindung der Buchdruckerkunst als eine ungeahnte Vervielfältigung über Raum und Zeit in die Welt hinaus. Sie war sich bewußt, daß sich Einsichten und Gedanken mit Hilfe dieses beweglichen Mediums im Nu mit ihrer einzigen Stimme ausbreiten könnten, ist also von der Kraft des inspirierten aufgeschriebenen Wortes überzeugt, obgleich sie immer wieder die Grenzen der sprachlichen Aussage über das erfahrene Wunder aufzeigt. Dennoch setzt sie die Macht der aus Erfahrung geformten Einsichten und Gedanken gegen Unwissen und die Erosion des Bestehenden, ja gegen die Zerstörung überhaupt.

Hinzu kommt die zeitgeschichtliche Situation, daß seit der Goldenen Bulle 1226, mit der Kaiser Friedrich II. dem Hochmeister Hermann von Salza die Schenkung des Kulmerlandes an den Deutschen Orden in Preußen bestätigt hatte, 1231 die Inbesitznahme des preußischen Ordenslandes und dessen Kolonisation mit den literarischen Intentionen dieser geistlichen Ritterschaft begann. Die reiche geistliche Literatur des Deutschen Ritterordens zeugt davon. Unterstützt wurde diese Aktivität durch päpstliches Dekret, das »alle Äbte, Prioren und Ordensleute des Weltkreises« aufgefordert hatte, die Gebiete an der Weichsel mit »Büchern und Schreibmaterial«[1] für

[1] F. Hipler, *Christliche Lehre und Erziehung im Ermland und im preußischen Ordensstaate während des Mittelalters,* in: Zeitschrift für Geschichte und Altertumskunde Ermlands, 6 (1878), S. 95. Zitiert nach H. G. Richert, *Die Literatur des deutschen Ritterordens,* in: Neues Handbuch der Literaturwissenschaft, hrsg. von Klaus von See u.a., Bd. 8, Wiesbaden 1978, S. 276f.

die Christianisierung des Landes zu unterstützen, ein Missionsauftrag, den die Magdeburger Erzbischöfe förderten und in den sich offensichtlich Mechthild mit ihrem Buch einreihte.

Zu ihrer Verkündigungsaufgabe vernimmt sie die Worte Christi: »Ich sage dir wahrlich, in diesem Buche steht mein Herzblut geschrieben« (V, 34), eine Aussage existentiell emphatischer Rede im gesteigerten Anklang an Paulus, der in seinem Schreiben an die Gemeinde von Korinth vom »Briefe Christi« spricht, der »von uns besorgt wurde, geschrieben, nicht mit Tinte, sondern mit dem Geiste des lebendigen Gottes«. Wie der Märtyrer mit seinem Blute für die Wahrheit bezahlt, bezeugt Mechthild mit ihrer Niederschrift in mannigfacher Weise das unblutige Martyrium der Gottesminne, das schon im Eröffnungsdialog zwischen Minne und Seele programmatisch anklingt: »Frau Minne, ihr habt mich so sehr übermannt, daß mein Leib sich wand, in sonderbarem Erkranken«, worauf die Minne der Seele antwortet: »Frau Königin, dafür gab ich euch hohe Erkenntnis und tiefe Gedanken« (I, 1).

Die alte inspiratorische Bedeutung des Buches im Zweistromland, die über das Alte und Neue Testament auch in christlicher Zeit in Literatur und Kunst ihre Ausprägungen erhielt, wird von Mechthild bestätigt, beispielsweise mit ihrer Rede: »Die große Zunge der Gottheit hat mir in vielfacher Weise gewaltige Worte zugesprochen« (II, 3). Wegen dieser Unauslotbarkeit verlangt Mechthild im Vorwort: »Alle, die das Buch verstehen wollen, müssen es neunmal lesen.« Die zahlensymbolisch verschlüsselte Aussage charakterisiert ihr Buch mit der Zahl neun als potenzierter Dreizahl wie ein Fließen der Trinität, dem

Wunder aller Wunder, und signalisiert es auf diese Weise als ein unauslesbares Buch, das über jede bloße Lesetechnik hinaus eine einzigartige Lesekultur verlangt; ohne Sorgfalt gibt es seine Rätsel und Geheimnisse nicht ohne weiteres preis. Nur ein wiederholtes, aufmerksames Lesen eröffnet den Weg zur Sinnerschließung, zur eigenen Urteilsbildung und damit zu einem Stück Selbständigkeit und zur Vollkommenheit im Sinne der Gottähnlichkeit. Ihre Niederschrift vermittelt daher nicht allein Informationswissen, sondern versteht sich als Anstoß für eine innere Verwandlung.

Die Ausstrahlung und Wandlungskraft von Mechthilds Buch bezeugt eine Generation nach ihr der Weltpriester Heinrich von Nördlingen, der von Basel aus maßgeblich die Übersetzung des Mechthildtextes aus dem fremd klingenden Mittelniederdeutsch in die oberdeutsche Mundart initiiert. Von hier aus empfiehlt er seiner Seelenfreundin Margaretha Ebner voller Begeisterung die Lektüre dieses Buches und schreibt ihr 1345 nach Medingen in der Nähe von Dillingen: »Ich sende Euch das Buch, das heißt ›Das Licht der Gottheit‹... es ist das wundervollste Deutsch und die innerlichst rührende Frucht der Liebe, die ich je in deutscher Sprache las. Leset es dreimal durch, drinnen steht: neunmal.«[2] Wie Mechthild mit der Symbolzahl neun ihr Buch in das Ursprungs- und Wesensgeheimnis der Allerheiligsten Dreifaltigkeit stellt und damit dessen äußerste Erhöhung erreicht, bezeichnet nach ihr Dante in seiner Schrift *›Vita nuova‹* seine »benedetta Beatrice« als

[2] *Deutsche Mystikerbriefe des Mittelalters* 1100–1550. Hrsg. von Wilhelm Oehl, Darmstadt 1972, S. 328f.

inspirierende Kraft für den Dichter und ihre höchstmögliche Vollkommenheit mit der Symbolzahl neun: sie ist die *Neun* und damit ähnlich wie die Trinität: »Wenn die Drei für sich selbst der Faktor, das heißt der Schöpfer der Neun ist, und so auch der Schöpfer der Wunder an sich die Drei ist, nämlich der Vater, der Sohn und der Heilige Geist, die die Drei und Eins sind, so war diese Frau von der Zahl Neun begleitet, auf daß verstanden werde, daß sie *eine Neun, das heißt ein Wunder war,* dessen Wurzel lediglich die wundertätige Dreieinigkeit sein kann.«[3] Mechthilds Buch hat die Dignität eines Wunders Gottes. Dieser hohe Anspruch mußte irritieren und Kritiker, Neider und Feinde auf den Plan rufen, zumal sie ihr Buch mit einem unumstößlichen Wahrheitsanspruch versieht. Die »Wortzeichen«, die sie setzt (II, 19), »bezeichnen alleine Gott«. Sie ist sich zwar aus der Erfahrung des Loslösens bis zum Vergehen in Gott bewußt, daß auch ihre eigenen »Worte verderben müssen« (I, 7), um ganz Sprachrohr zu werden, bis Gott ihr versichert: »Dein Mund ist geformt vom Heiligen Geist« (II, 18). Hier scheint Mechthild nach Paulus 1 Kor 2, 4: »Mein Wort und meine Predigt geschehen nicht in überredenden Worten ..., sondern im Erweis des Geistes und der Kraft«, den Beweis des Geistes und der Kraft für ihre Niederschrift in Anspruch zu nehmen. Deshalb »spricht sie aus dem Munde der Wahrheit« (V, 21). Die Wahrheit ihrer Worte entspringt einem Akt göttlicher Selbstmitteilung, die sie zugleich erschrecken und jubilieren läßt,

[3] Zitiert nach Ulrich Müller, *Mechthild von Magdeburg und Dantes ›Vita Nuova‹* oder erotische Religiosität und religiöse Erotik, in: Liebe als Literatur, hrsg. von Rüdiger Krohn u.a. (Festschrift f. Peter Wapnewski), München 1983, S. 170.

so resümiert sie: »Also ist das Buch minniglich von Gott gekommen und ist nicht aus menschlichen Sinnen genommen« (IV, 2). Trotz dieser Versicherung bleibt ihr Herz unruhig, ob sie wirklich die Richtige, nämlich ausreichend Befähigte für diesen Schreibauftrag sei, da sie sich für »unausgebildet in der Hl. Schrift« erklärt (III, 1) und Gott gegenüber einwendet: »Eia, Gütiger Gott, was hast du an mir gesehen? Du weißt doch recht gut, daß ich ein Tor bin, ein sündiger und armer Mensch an Leib und Seele. Diese Dinge solltest du lieber weisen Menschen verleihen, dann würdest du dafür gepriesen werden« (IV, 2). Oder aber sie führt ins Feld, ob sie sich durch Schreiben nicht doch der Eitelkeit ausliefert; andererseits aber steht sie damit in der Pflicht Gottes und klagt: »Ich muß jetzt die Rede gezwungen schreiben, die ich gern verschweigen würde, denn ich fürchte sehr den heimlichen Anflug der eitlen Ehre. Aber ich fürchte noch viel mehr, wenn Gott mir gerecht werden will, daß ich allzuviel verschwiegen habe« (V, 32). Noch in vorgerückten Jahren steht ihr Schreiben unter der Anforderung des eigenen Gewissens und dem Gebote Gottes, wenn sie erklärt: »Daß dies einstündiger Mensch sprechen soll und muß, ist mir schwer. Und doch darf ich es vor Gott und aus Gehorsam nicht unterlassen; menschliche Scham und göttliche Furcht werde ich mein Leben lang behalten« (VII, 8). Sie begründet und rechtfertigt ihre Niederschrift, um ihr das Odium des allzu Persönlich-Subjektiven zu nehmen, sie vielmehr auf die Ebene des zeitlos Ewigen zu heben.

Tatsächlich liefert ihr Buch zum Verdruß des Quellenforschers nur ganz wenige, sporadisch verstreute biographische Angaben. Wolfgang Mohr hat gut beobachtet, daß es ihr gar nicht um die lückenlose Darstellung ihres Lebenslaufes geht. Der gelegentliche biographische Faden entgleitet ihr stets angesichts der sie in Atem haltenden Übermacht der Gottesminne, »eine Höhe, über die nichts geht« (VI, 31), hinter der ihre äußere Lebensgeschichte verschwindend klein ist, so daß ihr Leben weitgehend im Dunkel bleibt. Statt dessen verweist sie auf ihre göttliche Herkunft: »Du hast mich geschrieben in dein Buch der Gottheit« (III, 2) und hält fest: »Dies hat die Erkenntnis aus dem ewigen Buche geschrieben« (III, 24). Das Buch, »in dem die Namen geschrieben sind«, ist eine alte Vorstellung aus dem jüdischen Bereich, die bis ins alte Ägypten zurückreicht und im Alten Testament bei der Gerichtsvision Daniel 7, 12; 12, 1 deutlich hervortritt. Diese Vorstellung des Lebensbuches, in dem die Namen derer eingetragen sind, die erlöst werden, übernimmt das Neue Testament (Phil 4, 3; Apk 3, 5; 17, 8 und öfter)[4]. Bei Mechthild meint die »Erkenntnis aus dem ewigen Buch« die ihr widerfahrene Selbstoffenbarung Gottes als Schöpfer und Erlöser, wie sie die mittelalterliche Kunst in Verbindung mit dem Buche darstellt[5]. Und welche Botschaft eröffnet ihr das »ewige Buch« der herrlichen Schöpfung Gottes? Der Herr spricht zu ihr: »Frau Seele, Ihr seid so sehr in mich hineingestaltet *(genatúrt in mich),* daß zwischen Euch und mir nichts sein kann. Nie wurde ein Engel je so hoch geehrt, daß ihm das eine Stunde gewährt wurde, was Euch von Ewigkeit her zugedacht ist« (I, 44). Die Verheißung der Vereinigung des Menschen mit Gott als

[4] Gertrud Schiller, *Ikonographie der christlichen Kunst,* Bd. III, Gütersloh 1971, S. 177. Bd. IV, 1 1976, S. 31.
[5] Ebda, Bd. III, S. 235. IV, 1 1976, S. 31, 217.

Vorgeschmack der ewigen Seligkeit bereits in diesem Leben beruht auf einer urtümlichen Verwandtschaftsbeziehung: Gott ist Vater von Natur, Bruder durch seine Menschheit und Bräutigam von Minnen, eine Abkunft, die den Menschen als trinitarisches Ebenbild vom Vater, Sohn und Heiligen Geist beurkundet, die Mechthild gleichsam verifiziert, wenn sie sagt: »Gott hat allen Kreaturen das gegeben, daß sie ihrer Natur gemäß leben. Wie könnte ich denn meiner Natur widerstehen? Ich muß von allen Dingen weg zu Gott hingehen ... Wähnt ihr, ich würde diese Natur nicht fühlen? Gott kann beides: kräftig brennen und tröstlich kühlen« (I, 44). Das bei Mechthild oft dargestellte Braut-und-Bräutigam-Verhältnis, in dem die pneumatische Wirkkraft des Heiligen Geistes, dem Spender der Liebe, in den Blickpunkt rückt, beruht nicht allein auf dem Einfluß einer jahrhundertelangen Auslegungsgeschichte des *›Hohenliedes‹*, welche diese Beziehung bildhaft auf Gott und die Seele deutet, sondern auch auf der Tatsache, daß durch dieses Liebesverhältnis die Ausschließlichkeit, Überwältigung und Innigkeit der Beziehung am meisten einsichtig wird. Den Vorgang der Gotteinigung beschreibt Mechthild an gleicher Stelle wie folgt: Gott fordert die Seele auf, alles abzulegen, nur jene Kräfte zu behalten, »die von Natur aus in Euch leben, sie sollen Euch ewig erregen. Dies ist Euer edles Verlangen und Euer grundloses Begehren. Diese will ich ewig erfüllen mit meiner endlosen Verschwendung ... Darauf geschieht eine selige Stille, und es geschieht ihrer beider Wille. Er gibt sich ihr, und sie gibt sich ihm. Was ihr nun geschieht, das weiß sie (allein), und damit tröste ich mich. Aber dies kann nicht lange dauern. Denn wo zwei Liebende im Verborgenen zusammenkommen, müssen sie oft abschiedslos auseinander gehen.«

Deutlich wird darauf hingewiesen, daß die Erfüllung in der seligen Stille ein die Zeit aufhebender Einbruch der Ewigkeit ist; jedoch ein Augenblick von nur vorübergehender Dauer. Sie weiß aus Erfahrung: »Wenn das göttliche Liebesglück am allerschönsten ist, dann muß man es lassen« (I, 2). Aus dem Wechsel von Hochgerissenwerden in göttliche Ekstasen in der reinen überirdischen Sehnsucht und dem Zurückfallen in die begrenzte Kreatürlichkeit entsteht die Dramatik in Mechthilds Leben, die sich steigert bis zum Todeskampf zwischen sehnsüchtigem Verlangen, Hingabe und Verzicht, Einsatz der Willenskraft und ausgesetztem Erleiden im »lebendig sterben« (I, 2), wenn sie hoch droben »hängt im süßen Hauche des Heiligen Geistes, in der ewigen Sonne der lebendigen Gottheit am Kreuz der hohen Minne« (III, 11). Mit den Sinnen ihrer Seele empfindet sie die transzendentale Region und versucht, in leidenschaftlicher Bildersprache die Nahtstelle zwischen irdisch und göttlich, zwischen Immanenz und Transzendenz zu treffen, wenn sie ausruft: »Herr, ich wollte meiner Seele Herz zerreißen, um Dich hineinzulegen.« Und Gott antwortet: »Du könntest mir keine linderndere Salbe geben, als wenn ich ohne Unterlaß in deiner Seele schweben könnte« (III, 2). In bemerkenswerter Weise verlegt Mechthild das Verlangen in Gott selbst: »Soll ich getröstet werden nach meiner Edelkeit, dann muß mich Gottes Atem in sich ziehen ohne Beschwerlichkeit ... Gott hat an allen Dingen genug, nur allein die Berührung der Seele wird ihm nie genug« (IV, 12), denn er ist »ein brennender Gott in seiner Sehnsucht« (I, 17), daher ist er »minnekrank nach ihr« (III, 2). Wenn Gott von ihr Besitz ergreift und sie in »die spielende Sonne der lebendigen Gottheit« hineinzieht, dann ist sie »auf ganz wundersame Weise tot« und ihr »schmeckt nichts mehr, denn alleine Gott« (IV, 12).

Diese Ausschließlichkeit und die himmelstürmende Bewegung ihrer zu Gott hindrängenden Seele fängt Mechthild im Bild des Tanzes ein. Sie gibt sich im »Nachtanzen« der Auserwählten nicht zufrieden, sondern strebt über das normale Maß der Liebe hinaus, um es ihrem Erlöser-Bräutigam gleichzutun. Sie weiß jedoch, daß die radikale Christusnachfolge in einer sich selbst hinschenkenden Liebe aus eigener Kraft nicht möglich ist und ruft aus: »Ich tanze, Herr, wenn du mich führst. Soll ich sehr springen, mußt du selber voransingen« (I, 44). Im Bilde einer göttlichen Aufforderung zum Tanz wird erhellt, daß ohne die Gnade der göttliche Tanz, zumal die Bewegung des Springens, nämlich das Zurücklassen des Irdischen im Aufschwung überirdischer Bewegung göttlicher Liebe nicht gelingen kann. Mit ihr jedoch gewinnt der Mensch stufenweise eine ungeahnte Steigerung des Seins aufgrund von Erfahrung und Einsicht, die »über alle menschlichen Sinne gehen«: »Dann springe ich in die Liebe, von der Liebe in die Erkenntnis, von der Erkenntnis in den Genuß, vom Genuß über alle menschliche Sinne« (I, 44).

Der Tanz ist in Gestik und Rhythmik der körperliche Ausdruck der Schwingungen, die als göttliches schöpferisches Prinzip dem Kosmos eingegeben sind. Diese Schwingungen geschehen in proportionaler Harmonie. Daher sagt Philo über das Geheimnis der Sterne: »Die Sterne tanzen einen wahrhaft göttlichen Tanz, da sie die Ordnung nicht verlassen, die ihnen der immer zeugende Vater im Kosmos angewiesen hat.« Wie die Griechen drücken später die Christen die Unsagbarkeit der Mysterien im verhüllenden Tanzspiel aus, so daß der Tanz in seiner sakralen Bedeutung ein Ausdruck des Einsseins zwischen Gott und Mensch ist, angeregt durch alttestamentliche Vorbilder: David tanzte vor der Bundeslade (2 Kön 6), und manchen Psalmstellen liegt der Sinn des Reigentanzes zugrunde, wenn der Beter zum Gotteslob »in choro« oder zur »Exultatio« (exsulto = emporspringen, aufspringen) aufgefordert wird. Das Mittelalter wußte es noch. Honorius Augustodunensis (12. Jh.) sagt: »Der Chor der Psalterbetenden hat seinen Namen von der ›Chorea canentium‹, von dem Tanzchor der Singenden, erhalten.« Christus als Tanzchorführer, der die Seligen vor den himmlischen Vater zum Tanze hinführt, ist ein frühchristliches Motiv, das auf Plato *(Phaidros)* und Plotin zurückgeht und bis ins hohe Mittelalter weiterlebt[6]. Mechthild bedient sich dieses Motivs in origineller Weise. Was die Sprache nicht mehr festhalten kann, ist noch irgendwie im Stande, sich durch Rhythmus und Tanz mitzuteilen, um die größere Wahrheit der mystischen Wirklichkeit im Zustand des Jubels durch den ganzen Körper auszudrücken. Das Ungewöhnliche ihres Tanzwunders liegt in der Tatsache, daß es selbst den Genuß zurücklassend »über alle menschlichen Sinne geht«, und Mechthild in dieser Unfaßbarkeit im Immer-höher-Kreisen ein Immer-noch-Darüberhinaus

[6] Vgl. Margot Schmidt, *»die spilende minnevlout«*. Der Eros als Sein und Wirkkraft in der Trinität bei Mechthild von Magdeburg, in: *»Eine Höhe, über die nichts geht«*. Spezielle Glaubenserfahrung in der Frauenmystik? hrsg. von Margot Schmidt und Dieter R. Bauer, Stuttgart–Bad Cannstatt 1986, S. 84f. (Mystik in Geschichte und Gegenwart. Texte und Untersuchungen I/4).

erstrebt: »dort will ich verbleiben und noch höher kreisen«. Das Bild der unaufhörlich kreisenden Tanzbewegung veranschaulicht neben der Intensität der Gotteinigung auch die Unmöglichkeit, daß der Geist des Menschen die göttliche Natur je durchdringen kann. Entgrenzung und Grenze zugleich sind die paradoxe Aussage dieses mit innerer Dynamik aufgeladenen Tanzbildes als Zeichen für den immer größeren Aufstieg der Seele und ihrer unio mit Gott.

Solche und andere grenzüberschreitende Zustandsbeschreibungen sorgen für Unruhe. Auch die angeblich Frommen tuscheln: »Was eigentlich ein solches Deutsch solle? Es sei aus Mutwillen erdacht und aus falscher Heiligkeit vorgebracht.« Recht trocken beurteilt Mechthild derartige scheinheiligen »Gotteskinder«, die sie in geistiger Finsternis verstrickt sieht und in ihrer Drastik treffend charakterisiert: »Sie stoßen sich wie ungebundene Rinder in einem finsteren Stall. Die Rinder aber fressen doch nur mit Behagen Stroh« (II, 19). Wie soll man bei soviel Ungeschlachtheit und mangelhaften Aufnahmeorganen etwas klar machen können? Es wäre vergebliche Liebesmühe, »so, wie wenn man des Kaisers Licht in einen finsteren, faulen Stall setzen würde« (II, 19).

Dennoch unterschätzt Mechthild in ihrer souveränen Lagebeurteilung nicht die Gefahren, die ihr möglicherweise drohen, wenn sie schreibt: »Ich wurde vor diesem Buche gewarnt und von Menschen in der Weise belehrt: Wenn ich nicht davon ablassen will, könnte es leicht in Flammen aufgehen« (II, 26). Das Schicksal anderer häresieverdächtiger Bücher mag hier anklingen. Ihr Buch steht zwischen Scheiterhaufen und Verehrung. Einer alten Tendenz der Bücherverbrennung aufgrund der Vorstellung, man könne so Ideen vernichten, trat nach Jeremia 86,22–24 schon Jahwe im Alten Testament entgegen[7]. Dennoch geschah unter Paulus, Apostelgeschichte 19,19, die erste Bücherverbrennung, so daß die Kirche im Verlauf ihrer Geschichte von Anfang an ein doppeltes Verhältnis zum Buch zeigte: einerseits pflegte und entwickelte sie eine hohe Buchkultur, andererseits zeigte sie Mißtrauen bis zur Vernichtung von Büchern gegenüber dem Feind des Heils. Diese Situation spiegelt Mechthilds Niederschrift wider. Nach innerer Zwiesprache mit Gott wendet sie sich unerschrocken gegen die ausgesprochenen Warnungen. Sie schwimmt gegen den Strom und verteidigt mit Nachdruck den Wahrheitsanspruch. In einer Schau sieht sie: Gott selbst »hält das Buch in seiner rechten Hand«. Das ist ein häufiges Bild in der Monumalkunst (etwa in den Sarkophagdarstellungen) vom 4. Jahrhundert bis ins Mittelalter hinein: Christus hält als himmlischer Lehrer und König eine Schriftrolle oder ein Buch in seiner Rechten. Im geöffneten Zustand ist das Buch Zeichen der Selbstoffenbarung Gottes, und unter Einbeziehung der Weltherrschaftssymbolik wird es zur Darstellung der Majestät des göttlichen Wortes, des Logos[8]. Wie die Kunst ausweist, gehört das Buch gleich der Aureole zum Bestand der Majestätsdarstellung Christi, der sich unter dem Zeichen des göttlichen Wortes, des neuen Gesetzes, des Evangeliums, selbst offenbart. Aufgrund dieser Schau argumentiert sie weiter; hat sie bereits in

[7] Ludwig Muth, *Was fängt die Kirche mit dem Leser an?* in: Offenbarung durch Bücher? hrsg. von Walter Seidel, Herderbücherei, Freiburg i. Br. 1987, S. 14.

[8] Gertrud Schiller, *Ikonographie der christlichen Kunst,* a. a. O. Bd. III, S. 176, 197, 217 ff., 220, 223 f.

der Einleitung durch die Symbolik der Neunzahl ihr Buch in die Wirkkraft des dreifaltigen Gottes gestellt, so intensiviert sie dieses Stigma durch die spirituelle Deutung der materialen Gegenständlichkeit des Buches. Ihre Schreibabhängigkeit von Gott verbürgt ihre Unabhängigkeit von den Menschen, so daß sie mit Gottes Stimme spricht: »Wer mir das Buch aus der Hand nehmen will, muß stärker sein als ich. Dieses Buch ist dreifaltig« (II,26). Dann folgt die Deutung über die Göttlichkeit des Buches. Das den schriftlichen Inhalt umhüllende Pergament erhält seine besondere Kostbarkeit als Sinnbild »der reinen, weißen, gerechten Menschheit« des Gottessohnes. Auf ihn werden die Buchstaben wie auf Pergament geschrieben als Mahnmal für die Wiederherstellung der menschlichen Natur zum Ebenbild Gottes. »Die Worte« sollen über den materiellen Sprachleib hinaus in ihrem tieferen geistlichen Sinn die »wunderbare Gottheit« erschließen. »Der Klang der Worte« offenbart den lebendigen Heiligen Geist, der im Erschließen »der richtigen Wahrheit« ihre Tätigkeit des Schreibens zur höchsten Vollendung führt[9]. Daß Menschen oder personifizierte Wesenheiten als Buch dargestellt werden, war nach Robert Curtius dem Mittelalter geläufig. Pythagoras zum Beispiel ist im 12. Jh. ein zum Buch gewordener Mensch als Vertreter der gesamten Schulweisheit. Mechthild überbietet dieses Bild. Aus ihrer von der Glaubenslehre durchtränkten inneren Erfahrung und dem Lebensbezug zum Buch wird es bei ihr zum Symbol der unergründlichen göttlichen Weisheit des dreifaltigen Gottes. Ihr

[9] Margot Schmidt, *»die spilende minnevlout«*, a.a.O., S. 71–92, bes. S. 81–83.

Vergleich von Schrift und Buchutensilien mit der Trinität übertrifft noch die Buchstabenverehrung eines Franz von Assisi, von dem Thomas von Celano berichtet, der Heilige habe jedes beschriebene Stück Pergament von der Erde aufgelesen, auch wenn es aus heidnischen Schriften stammte. Von einem Jünger deswegen befragt, antwortet Franz: »Meine Söhne, aus den Buchstaben wird der allerherrlichste Name Gottes gebildet.«

Das von Mechthild im höchsten Sinne als sakral verstandene Buch verweist über die Sachen auf die heilsgeschichtliche Erlösung durch Christus, über dessen Menschheit der Weg zur Gottheit führt. Ihr Hinweis auf »die stimme der worte« (= den Klang der Worte) weist über die Fixierung im Buchstaben auf den durch sie wirkenden göttlichen Urheber hin, im engeren Sinne auf den Heiligen Geist. Als »Spiegel« der Wahrheit sind ihre schriftlichen Worte der Ausgangspunkt für die nie ganz auszulotende inspirierte Interpretation, womit sie ihr Buch in die Nähe des Evangeliums rückt. Im anschließenden Gebet um Gnadenfülle für die Schreiber ihres Buches erhält sie zusätzlich Bestätigung: Es ist ein himmlisches Buch, Gott zeigt ihr: »Sie haben es in goldener Schrift geschrieben«, es liegt ewig offen vor Gottes Augen, gleichsam zur dauernden Erinnerung in Abwandlung an Malachias 3,16: »Und man schrieb vor ihm ein Buch, das alle in Erinnerung hält, die den Herrn fürchten und seinen Namen achten«; diese Vorstellung beherrschte das kirchliche Mittelalter und verkörperte auch die bildende Kunst. Und wie um die Höhe des Inhalts zu markieren, endet die Schau mit der Sentenz: »Denn die freie Minne muß stets das höchste am Menschen sein« (II,26), weil Gott selbst

die unendliche Freiheit ist, der sie darüber belehrt hat: »Ich komme zu Dir nach meiner Lust, wann ich will« (II, 25). Diesen Willen Gottes zu erkennen, zu erfüllen, ja zu erleiden bis zur Verschmelzung beider Willen ist das Gesetz der Freiheit. Die kühne Adlerfreiheit hat Mechthild zuvor starkmütig in bewußtem Kampf gegen sich selbst durch Wachen, Fasten, Armut, Gewissenserforschung, Reue, Beichte und »lebendiges Sterben« grundgelegt, so daß sie diese Erfahrung später im gedankentiefen Aphorismus zusammenfaßt, dessen knappe, realistische Bildlichkeit zur unmittelbaren Einsicht verhilft: »Daß der Adler so hoch fliegt, braucht er nicht der Eule zu verdanken« (VI, 2). Ihr Adlerblick ist geschärft durch das Feuer der Gottesminne. Als Gefangene im Brand der Gottesliebe »kann man sie nichts mehr lehren« (I, 28). Sie brennt, wie in ihrem ganzen Sein, so auch in ihren Worten, diese brennen »immerdar, unauslöschlich als lebendige Funken in dem großen Feuer der lebendigen Majestät« (Gottes). Das ist ein bewegendes Bild für die Unzerstörbarkeit ihres Buches, in seiner Absolutheit noch eindrücklicher als es ähnlich die jüdische Überlieferung von einem frommen Rabbi berichtet, den die Römer wegen seiner Schriftverehrung in eine Papyrusrolle einwickelten und wie eine Fackel in Brand setzten. Den Sterbenden fragten seine Schüler: »Meister, was siehst Du?« Seine Antwort: »Das Papier brennt, die Buchstaben fliegen in die Luft.«[10]
Mit solchen Bildern setzt Mechthild ein unübersehbares Zeichen des Widerspruchs gegen jede Verdächtigung, wie es ihrem Verständnis der »Braut« ent-

[10] Ludwig Muth, *Was fängt die Kirche mit dem Leser an?* a. a. O., S. 15.

spricht, deren »Gedanken erschaffen sind mit der Kraft zum Ringen und geziert mit dem Rat« (I, 46); denn um sich in der Liebe nicht zu verirren, bedarf es auch einer erleuchteten Vernunft. Schon der heilige Bernhard von Clairvaux sagt in einer seiner Hoheliedpredigten: »Die Braut des Wortes (Gottes) darf nicht dumm sein.«[11] Aber auch für den kosmisch-heilsgeschichtlichen Bereich setzt sie ein Zeichen, indem sie sich auf fünf alttestamentliche Propheten beruft, die ihr Buch erleuchtet haben. Diese Verweise verraten nicht allein einen Teil ihrer anregenden Quellen, sondern dienen vor allem der Bewußtseinsschärfung, daß es eine Tradition der erlebten und erlittenen Geschichte des Menschen mit Gott gibt, in der Mechthild selbst nur ein Glied in der Kette ist: Moses als Kronzeuge der Entrückung und seine »süße Lehre« über die Schau Gottes. die sie als wichtigste Mitteilung unter den »Zeichen« des Moses auswählt; David mit dem Psalter als Zeichen des Lobpreisens, da in ihrer ekstatischen Mystik der Jubel alle Leiden übertönt, denn »die Braut ist gekrönt mit dem Gesang« (I, 46). Salomon mit dem *›Hohenlied‹* als Hinweis dafür, daß »die Braut so trunkenkühn ist«; Jeremias als Vertreter jener, die erleiden, was sie schauen; Daniel als Zeuge für Gottes wunderbare Speisung an Leib und Seele inmitten vieler Feinde (III, 20), Ereignisse, von denen sie selbst betroffen war, angefangen von der seligsten Wonne bis zum Leiden am Kreuz, an das sie durch den »Hammer der starken Liebesgelübde angenagelt« war, so daß die ganze Schöpfung sie nicht mehr zurückrufen konnte (III, 10).

[11] *Cantica Canticorum, Sermo* 69, 2, vgl. Margot Schmidt, a. a. O., S. 91.

Als ihr Beichtvater, Heinrich von Halle, sich über ihr Reden und Schreiben wunderte, nahm sie die gleiche geschichtstheologische Haltung ein. Ihr »göttlicher Meister«, Christus, sagte ihr: »Frage ihn, wie das geschah, als die Apostel nach ihrer großen Zaghaftigkeit so kühn wurden, als sie den Heiligen Geist empfangen hatten? – Frage noch weiter: woher kam es, daß Daniel in seiner Kindheit sprach?« (V, 12), so als ob es für sie unvorstellbar erschien, daß dieser Lektor von Ruppin ein so mangelhaftes geschichtstheologisches Bewußtsein haben sollte, daß er die Menschheitsgeschichte mit Gott vergessen könnte.
Sie selbst ist in der Zeit äußerster Prüfungen gehalten, sich ihrer Geschichte mit Gott zu erinnern. Als sie in den Qualen des Unglaubens stand, der sie »mit heftiger Wildheit anschrie« und sie »in große Finsternis hüllte«, rang sie um Treue und Beständigkeit. Im Rückverweis auf ihre mystischen Aussagen in I, 44 schildert sie den Ausgang dieses inneren Kampfes: »Da sprach der Vater vom Himmel: »Gedenke, was du empfunden und gesehen hast, als zwischen dir und mir nichts war!« Da sprach der Sohn: »Gedenke, was dein Leib von meinen Qualen gelitten hat!« Und der Heilige Geist sprach dies: »Gedenke, was du geschrieben hast!« (IV, 12). Ihr Buch, ein Fanal für andere, liefert auch ihr selbst die Verhaltensnorm in guten und schlechten Tagen, wie ein Gerüst, an dem man sich festhalten kann.
Die Lebensmacht des Buches ist Mechthild in mehrfacher Weise bewußt, angefangen von der totalen Sinne und Geist umspannenden Verbundenheit bei der Niederschrift des Textes bis hin zu seinem Wert in der Vermittlung von Wissen und Bildung als ein Weg der Erleuchtung. Als sie im Alter über 60jährig

im Kloster Helfta bei den gebildeten Zisterzienserinnen eintrat und dort ihr siebentes und letztes Buch schreibt, wehrt sie demütig die Bitte um Unterweisung aus Respekt vor deren Wissen ab: »Ihr wollt Lehre von mir, da ich selber ungelehrt bin. Was ihr verlangt, das findet ihr tausendfach in euern Büchern« (VII, 21), eine Bemerkung, die zeigt, welchen Stellenwert die Buchkultur in Frauenklöstern des 13. Jahrhunderts hatte. Offensichtlich wußte man, daß Frömmigkeit auch eine Frage der Bildung ist und daß zum seelisch-geistigen Aufbau eine dauernde Speisung geistiger Nahrung vonnöten ist. Der Erwerb von solidem Wissen setzt zudem die gleichen Haltungen voraus, die auch der Frömmigkeit zugute kommen: Aufmerksamkeit, Ausdauer, Geduld, Disziplin, Konzentration auf die Sache, Gedächtniskraft, Sammlung, alles Eigenleistungen, die Tiefenerfahrungen möglich machen.

Dieser Hochschätzung der Buchkultur zur Pflege des Herzens und des Geistes, in denen das Buch »zu einem Mittel der Grenzüberschreitung werden kann« [12], aber auch zur Grundlage für ein rücksichtsvolles miteinander Umgehen, entspricht ihre abwehrende Haltung gegenüber dem zersetzenden Buch als verführerisches Blendwerk des Teufels. Mit kritischem Blick weiß sie zwischen göttlichem und teuflischem Wort zu unterscheiden, ein Vorgang, den sie in der Darstellung einer Versuchung visionär schildert, als sie vorübergehend nicht die heilige Messe besuchen konnte: »die Meister der Hölle wollten mich zu Fall bringen. Es erschien ein Teufel wie ein Strahl der Sonne gleich einem Engel mit einem leuchtenden

[12] Ludwig Muth, *Was fängt die Kirche mit dem Leser an?* a. a. O., S. 23.

Buch in der Hand und sprach: »Nimm doch diesen heiligen Gegenstand.« In erleuchteter Weisheit antwortet sie: »Wer selber keinen Frieden hat, kann mir auch keinen Frieden geben« (II,24). Ein Hinweis darauf, daß zur Erklärung und zum Verständnis des Wortes Gottes mehr gehört als nur eine formal glänzende, wenn auch noch so engelhafte Sprache.

Das Teufelsthema beschäftigt Mechthild in verschiedenen Visionen und Dialogen. Die hier vorgelegten Auseinandersetzungen kreisen letztlich um die Frage der richtigen und falschen Macht, wenn sie den Teufel in einem Streitgespräch sagen läßt: »Ich will, wie ich es immer wollte, meinen Stuhl jetzt neben Gottes Stuhl setzen« (V,29). Mechthild legt den Finger auf ein hybrides Verhalten und damit auf die Fragwürdigkeit einer solchen Macht, während sich recht verstandene Herrschaft nie als selbstische Macht, sondern als eine von Gott geschenkte Macht versteht. Es geht darum, die Unwürde der usurpierten Macht aufzudecken. In der geistigen Auseinandersetzung ist das Wort eine Waffe, mit Worten wird gekämpft. Für diesen Kampf ruft Mechthild die Heilige Katharina von Alexandrien an, mit deren Hilfe sie in den Kampf der Worte zieht (II,24).

Argumentative Wortgefechte sind denn auch Mechthilds Dialoge zwischen Teufel und Seele. Sie muß sich wehren gegen »verlogene Leute als des Teufels Boten, die ihr die guten Dinge verdrehen und ihre Ehre mit Worten zerstören soviel sie können« (IV,2), denn ihre Ehre ist Gottes Ehre. Gerade an dieser Stelle, empfindlich für den Einbruch des geistlichen Hochmutes, lauert der Versucher mit dem Stachel, sie solle »mit hohem Sinn alle ihre Gnade zur Schau tragen«. Warum soll man sich über eine solche Macht nicht einmal im Kampf gegen das Böse freuen? Weil Macht auch hier schnell in Machtrausch umschlagen kann und die eigentliche Tatsache darin besteht, daß nicht der Mensch, sondern Gott die Herrschaft in Händen hat. Diesem Realismus entspricht Mechthild, und in aller Demut kontert sie: »Ich bin leider noch nicht so klein, daß ich durch das Nadelöhr all meiner Feinde zur Himmelspforte hinaufgreifen könnte. Stünde um mich eine stählerne Mauer bis hoch zu den Wolken hinauf, mein Herz wäre dennoch vor meinen Feinden nie sicher und frei« (VII, 7). Vor soviel Gottesfurcht, Demut und Einsicht in die Grenzen der menschlichen Natur wird auch der Teufel entmächtigt.

Mechthilds Szenen über Engel und Teufel haben das Ziel, die satanische Zweideutigkeit als vorgespieltes Ebenbild Gottes zu durchstoßen. Sie spricht daher vom »leuchtenden Buch« des Teufels als Zeichen strahlender Macht, die betört, – und rühmt dagegen Eindeutigkeit unter Verzicht auf jegliche Vieldeutigkeit. Das Herrenwort Luk 10, 18: »Ich sah den Satan vom Himmel fallen wie ein Blitz« erscheint wie eine Überschrift über Mechthilds Teufelsdialoge und -visionen. Die Mahnung dieser Texte lautet: Der Mensch soll durch alle Tarnungen des Bösen hindurchstoßen. Das Verfängliche für den Menschen jedoch ist, daß diese Tarnungen so oft schwer zu erkennen sind. Mechthild schärft den Blick für teuflisches Blendwerk im Hinblick auf falsche Visionen und innere Erfahrungen: »Einfältige Seele hüte dich!« (II, 19), mahnt sie. Die Auseinandersetzung zwischen Gott und Teufel, Gut und Böse durchzieht die Weltliteratur. Mechthild hat in dieser Frage aufgrund ihrer Gottesnähe besonders sensibel reagiert.

Daß ein solches Rechnen mit der Gestalt des Bösen auch im 20. Jahrhundert erhalten blieb, können wir bei Hermann Hesse nachlesen. In seinem Roman *›Das Glasperlenspiel‹* heißt es: »Es gibt kein adliges und erhöhtes Leben ohne das Wissen um die Teufel und Dämonen und ohne den beständigen Kampf gegen sie.«[13] Diese Aussage entspricht genau dem, was Mechthild in ihren szenisch dargestellten Dialogen vermitteln wollte.

Aus der eschatologischen Unruhe des Mittelalters schildert Mechthild visionär die neue Form des von ihr verehrten Predigerordens vor dem Ende der Zeit. Zu seinem Rüstzeug, betont sie, gehören »zwei Bücher«. Das »größere Buch« umfaßt die christliche Glaubenslehre als Grundlage für die Predigt, es enthält Predigten alter Meister geordnet nach Sachgebieten des Glaubens. Die Nennung eines solchen Buches könnte ein Hinweis dafür sein, auf welchem Wege Mechthild trotz wiederholter Beteuerung ihrer Unbildung ihr bemerkenswertes geistliches Wissen erworben hat. Das »kleine Buch« ist das Offizium für das tägliche Stundengebet (IV, 27). Die ausdrückliche Erwähnung einer solchen Grundausstattung belegt, daß der geistliche Fortschritt ohne das Medium Buch nicht gedacht wird.

Desgleichen entspricht der Rückgriff auf Texte der »Meister« der zeitgenössischen Auffassung, daß es ohne Traditionszusammenhang keinen »modernen Fortschritt« gibt. Mit einem berühmten Gleichnis des Bernhard von Chartres verdeutlicht Johannes von Salisbury (12. Jh.) für seine Zeit das Verhältnis von anti-

[13] Zitiert nach Karl-Ludwig Schmidt, *Lucifer als gefallene Engelsmacht*, Theologische Zeitschrift 7 (H. 3, 1951), S. 161–179, bes. 179.

qui und moderni und sagt, daß die Jungen wie Zwerge auf den Schultern der Riesen sitzen, von woher sie weiter schauen können. Es wäre also töricht, die Leistungen der Alten nicht zu kennen, um über sie hinauszugelangen. In diesem Sinne versteht Mechthild das Buch als Chance für die Erhaltung gültiger Werte, das aber auch die Verbindung von Beharrung und Fortschritt pflegt. Die Idee der Erneuerung aufgrund der vom Heiligen Geist gewirkten schöpferischen Inspiration durchzieht ihre Schrift, vor allem, wenn sie sich ihrer Umwelt zuwendet und das Unausweichliche ihrer Forderung in antithetischen Sentenzen und in einprägsam gereimten Sinnsprüchen als geistliche Ratschläge niederschreibt oder in unvergeßlichen Bildern mit der Stimme Gottes zur Reform der Kirche aufruft, wie: »Ist der Mantel alt, dann ist er auch kalt. Darum muß ich meiner Kirche einen neuen Mantel umlegen« (VI, 21). In grundsätzlicher Rede umreißt sie das Übel ihrer Zeit: »Zwei Dinge kann ich nicht genug beklagen: das eine, daß Gott in der Welt so sehr vergessen ist, das zweite, daß geistliche Menschen so unvollkommen sind. Darum muß sich mancher Sturz ergeben« (IV, 16). Ihre offene Sprache über den von ihr bitter beklagten Zerfall des geistlichen und kirchlichen Lebens brachte sie in Bedrängnis. Angebliche Freunde »steinigten sie rücklings« mit Worten »und flohen dann, damit sie nicht wisse, von wem ihr dies geschah« (II, 24). »Manchen Kelch mit Galle« mußte sie trinken (II, 24). Das Schlimmste jedoch war nach ihrem Bericht »ein Kelch mit Galle«, der war so stark, daß er mein Leben und meine Seele mitten durchtraf« (II, 24). Es handelt sich offensichtlich um einen zeitweisen Ausschluß vom Gottesdienst und den Sakramenten. Neben ihren Feinden hatte sie aber auch Freunde in der Magdeburger Geistlichkeit. Mit Wertschätzung spricht sie vom neu ernannten Dekan Dietrich (von Dobin) aus Magdeburg. Ihrem »verehrungswürdigen Dekan von Magdeburg« zerstreut sie auf seine Anfrage seine Bedenken im Hinblick auf die Übernahme des neuen Amtes als Haupt des zu reformierenden Domkapitels (VI, 2, 3).

Wie sehr Mechthild im Laufe der Zeit trotz heftiger Anfeindungen von nicht wenigen als eine geschätzte Ratgeberin aufgesucht wurde, zeigt eine Bemerkung in vorgerückten Jahren: »Wer mich zu Lebzeiten nicht mehr sprechen konnte, der soll mein Buch lesen« (VI, 1). Hier bekundet sie abermals ihre geistige Unabhängigkeit, unterstreicht das Gewicht ihrer Aussagen und verleiht ihrem Buch als Verlängerung der mündlichen Rede Verkündigungscharakter. Und was verkündet sie? Die ganze Spannweite ihres wachen Geistes umfaßt unter den vielfältigen einprägsamen Sentenzen und gnomischen Sprüchen wohl dieser: »Wo immer die Wissenschaft Weisheit und Minne vereint, da bringt die Erwählung Frucht« (V, 28). Ihre Erwählung beschreibt sie mit den Worten: »Dies Buch ist in der Minne begonnen und soll auch in der Minne enden« (IV, 28). Damit bestätigt sich bei ihr die These von R. Curtius, daß sich im Mittelalter über das Buch zwei Welten kreuzen: die Wissenschaft und Frömmigkeit, die Symbolik und die Grammatik. In der Leichtigkeit und Wortgewandtheit eines dichterischen Naturtalents und in der Sprachgewalt der von Gott Besessenen versteht Mechthild alle Register der Sprache zu ziehen, sei es in den lyrisch-hymnischen Preisungen als Ausdruck unmittelbarer Gottseligkeit oder in den mannigfalti-

gen objektivierteren Formen der Lehre, wie in den hochreflektierten, teils dramatisch gestalteten Dialogen, in den Visionen und Allegorien, in den zum Teil streng gegliederten komparativen und antithetischen Sätzen mit Paradoxien, im treffenden Gebrauch rhetorischer Figuren; dieser ganze Formenreichtum dient dem Ausdruck der Intensität, welche die Natur zu sprengen droht, der Wirklichkeit einer extremen Komplexität oder der Unsagbarkeit der süßen Erfahrung. Für sie hat Mechthild die Eigenbildung *»goetliche vuelunge«* (V, 11) geprägt.
Im rückblickenden Akt der Niederschrift gliedert Mechthild die Summe ihrer Gnadenerfahrung: »Die Gnade, die in diesem Buche beschrieben ist, gab mir [der Herr] auf dreifache Weise: zuerst in großer Süße, dann in inniger Vertraulichkeit, jetzt mit schweren Leiden.« Erst die Leidensfähigkeit weist die Kraft der Liebe aus. Denn »es ist die Natur der Liebe, daß sie zuerst in Süße fließt, dann reich in der Erkenntnis wird und drittens verlangend und begierig sich nach dem Verstoßensein sehnt« (VI, 20), so wie Paulus in radikaler Christusnachfolge um des Heiles seiner Brüder willen wünscht, »verflucht von Christus getrennt zu sein« (Röm 9, 3), eine Liebeshingabe, die in ihrer Radikalität frei von jedem Eigengenuß in der Liebe nach höchster Läuterung trachtet, nur der Ehre Gottes und dem Heil des Nächsten verpflichtet. Aus dieser Geisteshaltung und der überwältigenden Erfahrung des Verkostens Gottes wehrt Mechthild Gottes Seligkeit ab: »Eia, lieber Herr, gehe von mir; deine Süßigkeit sollst du mir entziehen und laß mich (nur) deine Entfremdung behalten« solange, bis »mir Gottes Entfremdung lieber ist als er selbst« (IV, 12). Sie geht so weit, daß sie ihr Fallen und Versinken in

die Nacht Gottes, »bis zum niedrigsten Ort« erbittet, wenn es sein muß, »bis unter Luzifers Schwanz« (V, 4), so daß neben dem Feuer der Liebe auch die Qualen der Hölle zu seelisch-körperlicher Pein werden, »daß ihr Leib schwitzte und sich in Krämpfen wand« (IV, 12). Dann geschieht das Unglaubliche! Mechthild berichtet in einer für sie selbst undurchschaubaren Weise, daß »jetzt Gott wunderbar mit mir verfährt, da mir seine Entfremdung lieber ist als er selbst. Sie preist diesen Zustand der Gottesnacht als eine »selige Gottesentfremdung« (IV, 12). Der Grund für die Verwandlung aller Pein in Süßigkeit offenbart ihr unerschütterliches Vertrauen in der Behauptung: »Herr, in der Tiefe der reinen Demut kann ich dir nicht entfallen. Denn je tiefer ich sinke, desto süßer ich trinke« (IV, 12).

Diese Mitteilungen sprechen von einer Wirklichkeitsbreite und Dichte, daß dem Leser die Dimensionen eines bis zur Neige ausgekosteten Lebens erahnbar werden. Hier hat ein Mensch nach Höhe und Tiefe höchst intensiv gelebt, denn es wurde noch längst nicht alles gesagt, da Mechthild auf die der Sprache gezogenen Grenzen immer wieder aufmerksam macht oder nur verschlüsselt in verkürzter Weise in Bilderreden spricht, wie zum Beispiel: »Im Gaumen meiner Seele wurde mir die Galle in Honig verwandelt. Wie mir das geschieht, wage ich nicht zu nennen« (IV, 12). Ob dieser außerordentlichen verwandelnden Liebeskraft, die alle Bitternis des Lebens in Süße einschmilzt, rühmt Gott sie als unermüdliche lautere Streiterin: »O Taube ohne Galle!« (I, 11).

Die einzige Erkenntnismöglichkeit, wenn nicht Urquelle für solch göttliches Wissen überhaupt, definiert sie so: »Die Seele, die vor Minne noch nie erschrak, in der Gott noch nie minniglich sprach, o weh, leider! Der ist dies Leben tiefe Nacht« (III,24). Neben, ja sogar vor die Verstandeserkenntnis setzt Mechthild die Einsicht aus innerer Erfahrung des göttlichen *Fascinosum* und *Tremendum*. Gotteserkenntnis, Theologie und Christentum sind nicht allein systematisierte Lehre, sondern immer zugleich lebendige Antwort auf sie, eine Antwort, die nicht nur über das Licht des Intellekts geschieht, »sondern auch durch den Glanz, der unmittelbar aus der Offenbarung bricht« (I. F. Görres). Der so Beschenkte wählt dann aus und entscheidet sich, um das zu verkörpern, wozu er sich entschieden hat. Und diese Wahl geschieht nicht nur im Gehirn und nach Prinzipien – diese allein tragen nicht –, sondern in der Freiheit und Kraft des Herzens, das sich durch die »Anrede« *(gruos)* als betroffen erfährt. Diese Betroffenheit, die Mechthild seit ihrem 12. Lebensjahr über 31 Jahre hinweg im »göttlichen Gruß« der Übermacht der Gottesliebe erfährt, legitimiert ihre Niederschrift, die sie als ihre Geschichte mit Gott als ein Teil der Menschheitsgeschichte versteht. Sie führt Mechthild bei aller Sprachgewalt in die Sprachlosigkeit: »Der süße Herzklang, den muß ich verschweigen, denn keine Menschenhand kann ihn beschreiben (II,25). Die Schranken menschlichen Sprechens liegen darin, daß dieses ein unmittelbares, alle irdischen Grenzen sprengendes, mystisches Erfahrungswissen nicht einfangen kann, sich aber dennoch als ein konstitutives Wissen vor jeder Reflexion erweist. Diese Grenze und Relativität einerseits und die Tatsache einer transzendenten Wirklichkeit andererseits fängt Mechthild in einem überaus satten Bildvergleich ein, wenn sie ohnmächtig über die volle Wiedergabe einer Himmelsschau erklärt: Ich kann nur soviel mitteilen, »als eine Biene Honig an ihren Füßen aus einem vollen Stock tragen kann« (III, 1). Bei der Beschreibung eines siebenstufigen Minneweges versagen ihr für die genauere Darstellung der beiden letzten Stufen die Worte: »Die sechste (Stufe) wage ich kaum zu nennen, ich würde stumm, wenn ich sie erkennen würde. Ich hörte sie auf Erden auch niemals nennen.« »Die siebte (Stufe) kann man mit Worten kaum berühren: Mit christlichem Glauben kann man es fühlen, wie Gott wonniglich, hungrig, minnevoll überschwenglich immer tiefer in die Seele fließt« (VI, 24). Die Übermacht wird immer stärker: »Ich möchte noch mehr schreiben, aber ich kann es nicht. Die Wonne, die Ehre, die Herrlichkeit, die Innigkeit, die Wahrheit übersteigen mich in ihrer Größe, daß ich verstumme und nicht weiter davon sprechen kann, was ich erkenne« (VI, 41). Um sich aus dieser Überwältigung zu retten, schlägt Mechthild auch hier einen drastischen Ton an, wenn sie sagt: »Dies sage ich zu mir selbst: Wielange willst du, armseliger Hund von Leib, noch bellen? Du mußt doch schweigen, denn das Allerliebste muß ich verschweigen« (VII, 1).

Wie kann sie auch sprechen, wenn sie »unauslöschlich wie ein lebender Funke im großen Feuer der lebendigen Majestät brennt« (I, 28), so wie sie die Seligen als einen »Widerschein der göttlichen Majestät« sieht (VI, 41). Ihre Mystischen Erfahrungen erscheinen als eine naturhafte Gottleidenschaft, aber auch als eine überwältigende Erfahrung der Ungleichheit, die ihr als Gottesbezeichnung den Namen »Majestät« eingibt, eine Bezeichnung, die später in der spanischen Mystik bei der heiligen Teresa von

Avila und Johannes vom Kreuz zum vornehmsten Gottesnamen wird. Die heute modisch gewordene Vorstellung vom »Partner« Gott erscheint vor diesen Erfahrungszeugnissen absurd, wenn nicht frevelhaft, denn »Partner« setzt irgendwie eine Gleichheit der Ebenen voraus, und gerade dies ist hier ausgeschlossen, und dies ist auch der Kern des christlichen Glaubensbewußtseins, der bei allen Mystikern durch Erfahrung bestätigt wird.
Aus dem »Fließenden Licht der Gottheit« erscheint uns Mechthild wie ein Genie der Liebe. Ihre Souveränität zeigt der Eröffnungsdialog, in dem die Liebe die Seele als Königin anredet. In königlicher Haltung führt die Seele ihren Kampf zwischen Leben und Tod, in dem sie die ganze Tiefe des Gefühls und alle Kraft des Herzens mit der Konzentration des Verstandes, der Willensstärke und der Gabe des Rates verbindet, so daß sie ihre Liebesgewalt in die *mâze* zwingt. Ihre ungewöhnlichen inneren Erfahrungen führten sie über sich hinaus mit einem Konzept der Erneuerung für den Menschen überhaupt und für die Kirche im Sinne des Offenseins, der Empfängnisbereitschaft für göttliche Inspiration. Diese steht dann unter dem Gebot: »Wenn Gott uns Einsicht gibt, dann sollen wir die Talente gebrauchen« (VI, 20). Ihr Programm der Erneuerung war bedingt durch das Nebeneinander von Verfalls- und Fortschrittsbewußtsein und entwickelte sich geschichtstheologisch: Das Gedächtnis der Menschheit ruht im Gedächtnis Gottes: »Die Erinnerung Gottes und die der minnenden Seele kommen in der Weise zusammen, wie sich Sonne und Luft ... im süßen Durchdringen vermengen, so daß die Sonne die Kälte und Finsternis der Luft überwindet« (VII, 55). Es ging ihr darum, den

Sinn für das Reden und Ansprechen Gottes zu schärfen, dafür unterzog sie sich der Mühe ihrer Niederschrift, in der sich bräutliche und prophetische Mystik verbindet. Mechthild kennt dabei nichts vom Stolz der Begnadung, wenn sie in Helfta schreibt: »Gott lehrte mich dies, daß ich nie ein Werk so gut getan habe, als daß ich es nicht noch besser hätte tun können« (VII, 3).

Bei dem Reichtum ihrer Sprache und der Fülle ihrer Themen schälen sich zwei Aussageweisen besonders heraus. Einerseits die ekstatisch-mystische Zustandsbeschreibung der entrückten kontemplativen Seele, die in ihrer Intimität und Subtilität den lebendigen Austausch zwischen Gott und der Seele aufdeckt, und das kraftvolle prophetische Wort andererseits, das auf ihre Zeitumstände einwirken und Veränderung bewirken will, das heißt, bei aller inneren Versunkenheit und Weltentrückung entfaltet sich gleichzeitig eine überdurchschnittliche mutige Tatkraft in Wort und Schrift mit dem verblüffenden Sinn für Realismus bis zur Drastik und Komik. Mechthild beweist die These, daß die Mystiker die eigentlichen Realisten sind. Warum? Aus der Erfahrung einer transzendenten göttlichen Wirklichkeit wächst ihnen die Beurteilung über wichtig und unwichtig zu, so daß sie sich mit Nebensächlichkeiten weder aufhalten noch ablenken lassen. Was zählt, ist die wahre Wirklichkeit schlechthin. Nach den Worten von W. Preger ist Mechthild »eine große individuierende Kraft«, die übersinnliche Vorgänge eigenen Erlebens, Gestalten und Bilder wie aus einem Guß lebendig werden läßt, aus deren Kraft wiederum Größe und Verderben des Menschen angesichts der »überhohen Gottheit« vor Augen gestellt wird. Das Buch

wird ihr zum Medium für Gottes Sprechen über sie hinaus.
In der heutigen Zeit so vielfältiger und flüchtiger Medien wie Hörfunk und Fernsehen springt uns in Mechthilds Schrift die privilegierte Auffassung des Buches als »göttliches Buch« in die Augen, denn das Buch ist Medium des Überdauerns und steht dafür, daß die Erfahrung nicht aussterben darf; wie um den Zerfallsprozeß der Zeit aufzuhalten und die Vergänglichkeit von Material und Wortzeichen zu überstehen, verleiht sie ihrer Niederschrift den Charakter des Zwingenden, das in der Form an das Wort des Pilatus erinnert: »Was ich geschrieben habe, bleibt geschrieben« (Jo 19,22)[14] im Sinne eines göttlichen Gesetzes. Dieser Gesetzescharakter jedoch steht gegen jede Willkür und subjektive Freiheit, meint vielmehr die ewige Dauer, ähnlich wie Hjob seine Unschuld schriftlich auf ewige Zeiten beteuern möchte und darum wünscht, daß seine »Worte in einer Schrift eingegraben würden«, und zwar »für immer, mit eisernem Griffel und mit Blei in Fels gehauen« (Hjob 16,23f.). In gleicher Weise beschwört Mechthild für sich selbst: »Dessen Fundament ich bin, dessen Turmspitze will ich auch bleiben« (VI,38), ein Bild, in dem die Totalität ihrer Existenz wirksam aufscheint und sich aufrichtet wie ein Leuchtturm als Signal dafür, daß das Licht der göttlichen Minne über die Zeiten hinweg brennt.
Denn nach Mechthilds Schau ist – wie vor ihr bei Hildegard von Bingen und nach ihr bei Dante – Gottes Natur wie ein lebendiges ewiges Feuer, das das Welt-

[14] Vgl. Eugen Biser, *Das Buch in medienkritischer Sicht,* in: *Offenbarung durch Bücher?* hrsg. von Walter Seidel, a.a.O., S. 117.

all trägt und seine Funken aussendet. Die Antwort des Menschen ist, zum »göttlichen Feuer zurückzubrennen« und »nie zu erlöschen« (VI, 29). Diese glühende Beziehung wird genährt durch ein heißes Herz, denn »Je heißer die Seele bleibt, um so schneller schlägt sie Funken: je mehr sie brennt, um so herrlicher leuchtet sie« (I, 22). Damit verkörpert Mechthild sich selbst als personifizierte Gestalt der Liebe, deren Stärke der Kontemplation selbst die göttliche Übermacht bezwingt, denn »das Gebet« macht nicht allein »eine kalte Seele brennend«, sondern »zieht auch den großen Gott hernieder in das kleine Herz und treibt die hungrige Seele hinauf zu dem Gott der Fülle« (V, 13). Neben diesem ausgesprochen intimen Charakter ihrer mystischen Liebe, die Mechthild lange vor der hl. Teresa von Avila ausführlich in kraftvoll leidenschaftlicher wie feinsinniger Weise beschreibt, wächst diese Liebe im Verweis auf den Gedanken der Ewigkeit über ihre eigene Existenz hinaus und wird so zu einer Macht, die alle äußere Ohnmacht besiegt, gestärkt durch die Schule leidender Liebe und selbstloser Treue, so daß Evelyn Underhill (Mystik 1928, S. 512) zu Recht Mechthild die »sonnige Heilige« nennt.

WAS WISSEN WIR VON MECHTHILD VON MAGDEBURG?

Die historisch verbürgten Nachrichten über Mechthilds Leben sind sehr spärlich. Ihre Lebensumstände lassen sich nur aus den wenigen autobiographischen Hinweisen in ihrem Buch und aus dessen lateinischer Vorrede sowie aus der Art ihres Wortschatzes erschließen. Ihre Sprache beweist, daß sie unter den Eindrücken des Ritter- und Hoflebens aufgewachsen ist, daß sie mit der Sprache des höfischen Spielmannes vertraut war, »der im Übermut sündhafte Eitelkeit wecken kann« (III, 21), dessen Vorzüge aber auch die Vollkommenheit der bräutlichen Seele vollenden, denn »er ist die Liebenswürdigkeit, seine Harfe ist die Innigkeit« (I, 46); daß die Entrückung eine »Hofreise der Seele« ist (I, 4), wo Gott sie »in der Hofsprache anredet, die man in dieser Küche nicht versteht«, wo er mit ihr »ein Spiel spielen will, das der Leib nicht versteht, noch die Bauern beim Pfluge, noch die Ritter im Turnier« (I, 2). So wie diese Widerspiegelung höfischer Bildung läßt auch die ungewöhnliche Selbständigkeit ihres Geistes eine Abstammung von Stand vermuten.
Aus den knappen Hinweisen kann man Mechthilds Leben um 1207–1282 ansetzen, nach manchen Forschern bis 1294. Nach Hans Neumann entstammt sie einer ritterlichen Burgenfamilie in der westlichen Mittelmark, Erzdiözese Magdeburg. Da ihrem Bruder Balduin, als Subprior im Dominikanerkloster zu

Halle hervorragende Bildung und hohe Tugenden nachgerühmt werden und mit dem sie im Briefwechsel stand (VI,42), wird auch Mechthild eine sorgfältige höfische Erziehung genossen haben. Das Bemerkenswerte jedoch ist, daß Mechthild wohl eine gute weltliche Bildung erhalten hat, daneben aber über ein ursprüngliches außergewöhnliches inneres Erfahrungswissen verfügt. In ihrem am stärksten autobiographisch gefärbten Kapitel IV,2 berichtet sie, daß sie »mit 12 Jahren, als sie allein war, vom Heiligen Geist angeredet wurde. Diese überaus innige Anrede *(gruos)* kam alle Tage ... und verstärkte sich alle Tage« und zwar »während 31 Jahren«, so daß sie den Freuden der Welt, ihrer Süßigkeit und Ehre, keinen Geschmack mehr abgewinnen konnte. Nicht durch Lektüre geistlicher Bücher und nicht durch Unterweisung eines geistlichen Lehrers fand sie Zugang zu einem sie ganz und gar ausfüllenden, besitzergreifenden inneren Leben mit Gott, sondern durch ein sehr frühes, plötzliches, sich immer wiederholendes und für sie unfaßliches Gnadenereignis, das in seiner übersinnlichen, wunderbaren Wirklichkeit für die Gestaltung ihrer Zukunft bestimmend werden sollte. Im gleichen Kapitel erhärtet sie: »Ehe ich dieses Buch begann und von Gott nur ein einziges Wort in meine Seele kam, war ich einer der naivsten Menschen, die je im geistlichen Leben waren ... Von Gott wußte ich nicht mehr als allein durch den christlichen Glauben, und aus ihm strebte ich mit Fleiß immer darnach, daß mein Herz rein sei. Gott selber ist mein Zeuge, daß ich ihn nie, weder in bewußter Weise noch in Sehnsucht darum bat, daß er mir diese Dinge geben solle, die in diesem Buche beschrieben sind. Ich dachte auch nie, daß Derartiges Menschen widerfahren könnte.« Noch im Alter schreibt sie Gott ihr inneres Wissen zu und bezeichnet ihn als »Mein lieber Schulmeister, der mich einfältigen, ungelehrten Menschen dieses Buch lehrte« (VII,3), womit sie im sprachlichen Ausdruck zu erkennen gibt, daß sie zwischen schulmäßig erworbener Bildung und innerem eingegossenen Wissen zu unterscheiden weiß. Ihr Insistieren, daß Gott in Christus oder durch den Heiligen Geist der innere Lehrer ist, spricht für ein apriorisches Vorwissen von Gott jenseits des erworbenen Wissens, wie es schon Augustinus in seiner Schrift *›Der Lehrer‹ (De magistro)* ausgeführt hat und später ausführlicher noch der große Franziskanertheologe Bonaventura.

Die Einsichten ihres inneren göttlichen Lehrmeisters trieben sie dazu, ganz unstandesgemäß ein alternatives Leben zu führen. Sie riß sich um 1230, also etwa 23jährig, von ihren Eltern und Verwandten los, »denen sie stets die Liebste war« (IV,2), um in der Fremde, in der Stadt Magdeburg, in einer Beginengemeinschaft als Begine ein Leben in asketischer Heimatlosigkeit, Armut und Buße zu führen.

Zur Zeit Mechthilds war Magdeburg eine aufstrebende Bürgerstadt, nicht nur ein Zentrum für den Handel mit anderen Städten und Ländern, sondern auch Ausgangspunkt für die Slawenmission. Der Dom war die Kathedralkirche des 968 gegründeten Erzbistums, an dessen Spitze bis zum Ausgang der Stauferzeit bedeutende Erzbischöfe standen. Sie waren Missionare und Politiker und bestimmten wesentlich die Entwicklung der Stadt mit. Denn der Erzbischof war Kirchen- und Landesfürst zugleich.

Das Magdeburgische Recht erlangte seit dem 13. Jahrhundert große Bedeutung. Der Magdeburger

Schöffenstuhl genoß als höchste Instanz für Rechtsfragen ein Ansehen wie kaum andere Städte im Reich. In der Zeit zwischen 1220 und 1235 zeichnet Eike von Repkow das damals in den Bistümern Magdeburg und Halberstadt geltende Recht auf und ordnet es zu seinem *›Sachsenspiegel‹*, der die Grundlage des Magdeburger Rechts wurde.
Etwa 40 Jahre (1230–1270) lebte Mechthild als Begine in Magdeburg, wahrscheinlich mit vorübergehender Rückkehr zu ihren Verwandten (VI, 4.19). Strenge Askese und die Übermacht göttlicher Minne zehrten an ihren Kräften, wie sie selbst berichtet: »Ich wurde müde, krank und schwach, zu allererst von Reue und Leid, darnach von heiliger Sehnsucht und von geistlicher Anstrengung, und hinzu kamen viele schwere und natürliche Krankheiten. Dazu kam noch die gewaltige Macht der Minne und beraubte mich all meiner Kräfte und erfüllte mich so sehr mit diesen Wundern, daß ich es nicht mehr zu verschweigen wagte« (IV, 2).
Zu diesem Zeitpunkt, nach 20 Jahren Aufenthalt in Magdeburg, war Mechthild ca. 43 Jahre alt. Sie stand mit den Beginen unter der geistlichen Leitung der Dominikaner, die in Magdeburg ein Kloster hatten. Unter dem ermutigenden Wunsch ihres Beichtvaters, des Dominikaners Heinrich von Halle, beginnt sie um 1250 ihre ekstatischen Unioerlebnisse und Visionen eigenhändig als Offenbarungszeugnis niederzuschreiben, Aufzeichnungen, die Heinrich von Halle sammelt und in VI Büchern zusammenfaßt. Als unbequeme Mahnerin gegenüber kirchlichen Mißständen sowie ihren kritischen Worten an adlige Damen auf den Burgen (IV, 17; V, 34) erregt Mechthild mit ihrem Buch Aufsehen. Neben der Anprangerung von Eitel-

keit, Prunksucht und übertriebener Kleiderpracht der Damen der Gesellschaft, sieht sie in einer Schau »vor der Hölle Mund« »unter den Frauen nur hohe Fürstinnen, die sich hier in Sünden gleich denen ihrer Fürsten« verstrickt haben (III,21). Anfeindungen, vielleicht auch die Beschlüsse einer Magdeburger Dominikanersynode von 1261 gegen das Beginentum, werden Mechthild veranlaßt haben, ihren Lebensabend im Zisterzienserinnenkloster Helfta (Helpede), unweit von Eisleben zu verbringen, wo sie um 1270 aufgenommen wurde. Dieses Kloster stand unter der Leitung der zweiten Äbtissin Gertrud von Hackeborn (1250–1291) in höchster Blüte und wurde zu einem Mittelpunkt der Frauenbildung und der mystischen Literatur. Von der Äbtissin angeregt, lasen die Klosterfrauen Texte von Augustinus, Hieronymus, Gregor, Beda, Bernhard von Clairvaux und den Viktorinern. In diesem Kreis fand Mechthild Gesinnungsgefährtinnen; vor allem in der jüngeren Mechthild von Hackeborn und der Klosterschülerin Gertrud, später die Große genannt, die beide, durch das *›Fließende Licht‹* angeregt, ebenfalls bedeutende Schriften verfaßten.

In Helfta schreibt Mechthild bis zu ihrem Tode das VII. Buch und diktiert erblindet die letzten Kapitel ihren Mitschwestern (VII,64). Hier im VII. Buch faßt sie die Spannweite und Wandlung ihrer Gottesliebe als trinitarische Ausfaltung und damit den fortlaufenden Prozeß der Transzendenz vom Sinnlichen zum Übersinnlichen in der Antwort Gottes an sie zusammen: »Deine Kindheit war eine Gefährtin meines Heiligen Geistes, deine Jugend war eine Braut meiner Menschheit (Gottes), dein Alter ist jetzt eine Ehefrau meiner Gottheit« (VII,3).

Ihr Magdeburger Beichtvater, Heinrich von Halle, starb noch vor Mechthild und sie selbst hochbetagt nach 12 Jahren Aufenthalt im Helftaer Kloster. Welch tiefen Eindruck sie bei ihren Mitschwestern hinterlassen hatte, geht aus deren Berichten hervor. Nach Mechthilds Tode schildert ihre jüngere Mitschwester, Mechthild von Hackeborn, in ihrem *›Buch der besonderen Gnade‹ (Liber specialis gratiae,* II, 41; V, 3, 6) mehrmals in ihren Visionen die außerordentliche Gabe der Liebe und Erkenntnis, von der die Magdeburgerin mehr als die übrigen auf Erden erleuchtet war. Sie rühmt ihre hohe Gabe der Schau, in der sie »wie ein Adler direkt auf das Antlitz des Herrn fliegt« (II, 41). Auch Gertrud die Große berichtet etwa gleichzeitig in ihrem *›Gesandten der göttlichen Liebe‹ (Legatus divinae pietatis)* über Mechthilds Tod, und daß sie selbst Gott gebeten habe, er möge dieser verleihen, nach ihrem Tode Wunder zu wirken, damit deren Aufzeichnungen bestätigt und ihre Widersacher gedemütigt würden. Aber es wurde ihr nur geoffenbart, daß Christus geistige Gnade an ihrem Grabe verleihen wolle. Nach ihrem Tode ist früh auf Mechthild der Glanz der Heiligkeit gefallen. Über Helfta hinaus drang er bis zu Dietrich von Apolda, der in seiner Lebensbeschreibung des heiligen Dominikus Teile aus dem *›Fließenden Licht‹* verwendet und diese als Zeugnis *»ex verissima revelatione«* bezeichnet. Das mittelniederdeutsche Original ihres Buches ist verloren. Durch die Initiative des Weltpriesters Heinrich von Nördlingen entstand aus dem Originaldialekt um 1344 in Basel eine Übersetzung in den oberdeutschen alemannischen Dialekt. Eine Abschrift davon sandte er seiner Seelenfreundin Margaretha Ebner im Dominikanerinnenkloster zu Medingen. Von hier aus

wurde es in die Zisterzienserabtei Kaisheim im Ries und in das Dominikanerinnenkloster Engelthal bei Nürnberg zur Lektüre umhergeliehen. Zudem zeigt der langjährige Briefwechsel Heinrichs mit Margaretha Ebner, wie sehr Sprache und Gedanken zum Teil mit Exzerpten aus dem ›*Fließenden Licht*‹ Mechthilds hier eingeflossen sind; desgleichen zeigen die ›*Offenbarungen*‹ der Margaretha Ebner den Einfluß von Mechthilds Schrift. Im 14. Jahrhundert kam eine Abschrift der oberdeutschen Übersetzung in die vier Schwesternhäuser der ›Vorderen Au‹ im Hochtal Einsiedeln. Auf Umwegen gelangte diese Handschrift in die Stiftsbibliothek Einsiedeln, wo sie sich heute befindet. Diese Textbewegungen zeigen, wie durch die Beweglichkeit Heinrichs von Nördlingen, durch seine Gabe der Freundschaft, ein Buch aus dem niederdeutschen Sprachraum die auseinanderliegenden Räume von Magdeburg/Helfta in Sachsen über Basel mit den süddeutschen, oberschwäbisch-bayerischen Gebieten bis in die Schweiz nach Einsiedeln verbindet und von hier weiter wirken konnte.
Noch im 17. Jahrhundert ist Mechthild nach einem jüngst neu aufgefundenen Zeugnis in der gebildeten Welt unter Hervorhebung ihres prophetischen Geistes bekannt[15]. Mechthilds prophetisches Wort, das zu Flamme und Feuer wird als Symbol des transzendenten Zustandes, aber auch zum Zeichen für Kraft und Erleuchtung auf dem irdischen Weg, erinnert an jenes unerschaffene Feuer, das die Kinder Israels durch die Nacht der Wüste führte.

[15] Johann Frawenlob, *Die lobwürdige Gesellschaft der gelehrten Weiber,* 1631, S. 24f., in: Elisabeth Gössmann, *Archiv f. philosophie- und theologiegeschichtliche Frauenforschung,* Bd. 2, München 1985, S. 74f. Margot Schmidt, *»die spilende minnevlout«,* a.a.O., S. 82.

ZUR TEXTEINRICHTUNG

Die vorliegenden Texte sind von mir nach sachlichen Gesichtspunkten ausgewählt, übersetzt, zusammengestellt und als Leitfaden mit thematischen Überschriften, die meist aus Mechthilds Schrift selbst stammen, versehen worden. Für die Übersetzung konnte ich mich auf meine seit vielen Jahren vergriffene Gesamtübersetzung aus dem Jahre 1956 stützen, die ich überprüft und verbessert habe, zumal im Laufe der Zeit der Handschriftenstand sich durch neu entdeckte Bruchstücke verändert hat. Sie wurden berücksichtigt, soweit es hier in Frage kam. Runde Klammern im Text sind Zusätze von mir, eckige Klammern sind Zusatzlesungen gegenüber der einzigen vollständigen Handschrift Einsiedeln 277, meist aus der lateinischen Übersetzung. Kursivdruck sind erklärende oder überleitende Texte von mir. Ganz besonders danke ich Prof. Dr. Hans Neumann/Göttingen, der es mir großzügiger Weise ermöglicht hat, fragliche Stellen am Manuskript seiner bevorstehenden neuen mittelhochdeutschen Edition des *›Fließenden Lichts der Gottheit‹* zu überprüfen, desgleichen für Gespräche, die der Übersetzung zugute kamen. Interessenten können an der neuen Mechthildausgabe von Hans Neumann die Herkunft der von mir verwendeten Zusatzlesungen aus dessen Apparat leicht verifizieren.

Eichstätt im März 1987 *Margot Schmidt*

1.
DER SCHREIBBEFEHL

GOTT ZUR EHRE
UND WEGEN DES BUCHES LEHRE

Dieses Buch sende ich nun als Boten allen geistlichen Leuten, [die die Säulen der Kirche sind], den guten wie den schlechten, denn wenn die Säulen fallen, dann kann das Gebäude nicht überdauern. Es kündet allein von mir und offenbart mein Geheimnis, um Gott zu verherrlichen. Alle, die dieses Buch verstehen wollen, müssen es neunmal lesen.

Vorspruch

Ich muß mich selber künden, soll ich Gottes Güte vollenden [da ich in anderer Weise das Lob Gottes nicht verbreiten kann]. Und das hindert mich wahrlich nicht mehr, als es einen heißen Ofen hindern würde, wenn man ihn ganz voll weißer Semmeln schübe.

III, 15

Ich wurde vor diesem Buche gewarnt
und von den Menschen also belehrt:
Wenn ich es nicht begraben wolle,
dann wird es in Flammen aufgehen!
Da tat ich, wie ich als Kind schon pflegte:
Wenn ich traurig war, fing ich an zu beten.
Ich wendete mich meinem Lieben zu

und sprach: Ach Herr, nun bin ich geschlagen
um deiner Ehre willen;
soll ich jetzt von dir ungetröstet in Jammer liegen?
Denn du hast mich dazu angetrieben
und befahlst mir selbst, es zu schreiben.
Da offenbarte sich Gott meiner traurigen Seele im Flug,
indem er das Buch in seiner Rechten trug
und sprach: »Meine Liebste, quäle dich nicht zu sehr,
die Wahrheit kann niemand verbrennen.
Wer mir das Buch aus der Hand nehmen will,
muß stärker sein als ich.
Dieses Buch ist dreifaltig
und bezeichnet alleine mich.
Das Pergament, das es rings umhüllt,
ist Bild meiner reinen, weißen, gerechten Menschheit.
Die Worte bedeuten meine wunderbare Gottheit.
Sie fließen von Stunde zu Stunde
in deine Seele aus meinem göttlichen Munde.
Der Klang der Worte offenbart meinen lebendigen Geist
und erschließt mit ihm die richtige Wahrheit.
Nun höre aus all diesen Worten,
wie ruhmvoll sie mein Geheimnis verkünden.
Du sollst keinen Zweifel an dir finden.«

II,26

VON PROPHETEN, DIE DIES BUCH ERLEUCHTEN

Unser Herr hat mir gelobt, er wolle dieses Buch mit fünf Lichtern erleuchten:

Moses große Vertrautheit und seine heilige Mühe und besondere Schmach, die er ohne Schuld ertrug und seine herrlichen Wunderzeichen und seine beseligende Lehre und das auserwählte Minnereden, das er oft mit dem ewigen Gott auf dem hohen Berge pflog, dies alles soll ein Licht sein, und Gott hat und wird mir dieses geben, daß ich unter seinem Schirm ohne schuldhafte Scham durch die böse Hinterlist all meiner Feinde hindurchgehen und minniglich schweben werde, so wie Moses mit seinen Freunden durch das rote Meer.

König *David* ist in diesem Buche das zweite Licht mit dem Psalter, darin er uns lehrt und klagt und bittet, mahnt und Gott lobt.

Salomons Worte leuchten ... im Buche des Hohenliedes, darin die Braut so trunken kühn ist, und der Bräutigam so überaus zart zu ihr spricht: »Ganz schön bis du, meine Freundin, und kein Flecken ist an dir« (Hl 4,7).

Jeremias leuchtet auch sein Teil, da er von unserer Frauen Geheimnis spricht (Jer 31,22).

Daniel leuchtet in wunderbarer Weisheit. Gott gab ihm aus Gnade mitten unter seinen Feinden die Speise für Leib und Seele (Dan 14,30). In gleicher

Weise ist es mir Unwürdigen in meinen Nöten geschehen. Das haben meine Feinde ein wenig gesehen, und können es nicht leiden; darum schaffen sie mir viel Pein.

III, 20

MICH WUNDERT, WIE EUCH DAS VERWUNDERN KANN

[Bruder Heinrich, genannt von Halle, Lektor von Ruppin, der über Reden und Schreiben der Schwester Mechthild staunte, erhielt von ihr diese Antwort]: »Meister Heinrich, Euch wundern meine mutigen Worte, die in diesem Buche stehen. Mich wundert, wie Euch das verwundern kann. Aber es quält mich seit der Zeit, da ich sündige Frau schreiben muß, daß ich die wahre Erkenntnis und die heilige erhabene Anschauung nicht anders beschreiben kann außer mit diesen (armseligen) Worten. Sie dünken mich für die ewige Wahrheit viel zu gering.« Ich fragte den ewigen Meister, was er hierüber denke. Da antwortete er:

»Frage ihn, wie das geschah, daß die Apostel nach ihrer großen Zaghaftigkeit so kühn wurden, als sie den Heiligen Geist empfangen hatten?

Frage weiter, wo Moses war, als er nichts als nur Gott ansah?

Frage noch weiter: woher es kam, daß Daniel in seiner Kindheit sprach [und die alten bösen Priester der Lügen überführte und Susanna befreite?]«

V, 12

2.
WAS IST DIE SEELE?

ICH BIN EDEL UND FREI GEBOREN

»Woraus bist du erschaffen, o Seele,
daß du so hoch steigst über alle Kreaturen
und dich mengst in die Heilige Dreifaltigkeit
und doch ganz in dir selber bleibst?«

»Du hast gesprochen von meinem Anfang.
Nun künd ich wahrlich, mich erschuf die Liebe an
dem selben Ort.
Darum kann kein Geschöpf meiner adeligen Natur
weder Zuversicht geben noch etwas wegnehmen,
denn allein die Liebe.«

I, 22

Die Größe der Seele entfaltet sich in der Liebe, und die Schönheit des Leibes kommt von der heiligen christlichen Taufe. Denn es gibt nicht Höheres als die Liebe, und außerhalb der Christenheit ist keine Herrlichkeit. Darum betrügen die sich selber sehr, die mit ungeheurer menschlicher Anstrengung die Höhe zu ersteigen wähnen und dabei doch in ihrem Herzen lieblos sind, weil sie die heilige Tugend der Demut nicht haben, die die Seele in Gott hineinführt. Vielmehr nistet sich bei ihnen gern falsche Heiligkeit ein, da der eigene Wille die Führung des Herzens hat.

II, 1

Ich bin edel und frei geboren.
Ich darf nicht ohne Ruhm sein,
da ich Gott liebe ganz allein.
II, 19

Wer kann die Menschheit so sanft bezwingen,
wer kann die Seele so leicht entrücken,
wer kann die Sinne so erhaben erleuchten
wie Gott, der sie erschaffen hat?
Er wirkt an uns wunderbare Tat.
IV, 16

GOTTÄHNLICHKEIT

Gott spricht zur Seele:
»Frau Seele, ihr seid so sehr in mich hinein erschaffen,
daß zwischen mir und euch nichts sein kann.«
I, 44

Der himmlische Vater schenkte der Seele seine göttliche Minne
und sprach: »Ich bin der Gott aller Götter,
du aber bist aller Kreaturen Göttin.
Und ich gelobe es dir in die Hände,
daß ich mich niemals von dir wende.
Willst du dich nicht selber verderben,
sollten meine Engel dir ewig dienstbar werden.
Ich stell dir den Heiligen Geist als Kämmerer zu seiten,
dann kannst du nicht unwissend in Todsünden gleiten.

Und ich verleihe dir den Spielraum der freien
Willenswahl.
Nun, Lieb vor allem Lieb, sei wachsam allzumal.«
III,9

Der Fisch kann im Wasser nicht ertrinken,
der Vogel in den Lüften nicht versinken,
das Gold ist im Feuer nie vergangen,
denn es wird dort Klarheit und leuchtenden Glanz
empfangen.
Gott hat allen Kreaturen das gegeben,
daß sie ihrer Natur gemäß leben.
Wie könnte ich denn meiner Natur widerstehn?
Ich muß von allen Dingen hinweg zu Gott
hingehn,
der mein Vater ist von Natur,
mein Bruder nach seiner Menschheit,
mein Bräutigam von Minnen,
und ich seine Braut ohne Beginnen.
Wähnt ihr nicht, ich würde diese Natur nicht
fühlen?
Gott kann beides: kräftig brennen und tröstlich
kühlen.
I,44

Herr, himmlischer Vater, zwischen dir und mir geht ohne Unterlaß ein unbegreiflicher Atem, in dem ich große Wunder und unaussprechliche Dinge erkenne und sehe.
II,24

Herr, du bist allzeit liebeskrank nach mir,
das hast du wohl bewiesen an dir:
Du hast mich geschrieben in dein Buch der Gottheit,
du hast mich gemalt in deine lautere Menschheit,
du hast mich in die heilige Wunde deines Herzens eingegraben,
[um mich nimmer zu vergessen,]
und in deine Hände [um deine Gnade mir auszuteilen,]
und in deine Füße [um nimmer von mir loszukommen].

III, 2

Die minnende Seele, die alles minnt, was Gott minnt, und alles haßt, was Gott haßt, besitzt ein Auge, das Gott erleuchtet hat. Damit sieht sie in die ewige Gottheit, wie die Gottheit mit ihrer Natur in der Seele gewirkt hat. Er hat sie nach sich selbst gebildet, er hat sie eingepflanzt in sich selbst, er hat sich ihr von allen Kreaturen am allermeisten vereint, er hat sie in sich geschlossen und hat von seiner göttlichen Natur so viel in sie gegossen, daß sie anderes nichts sagen kann, als daß er in aller Vereinigung mehr als ihr Vater ist.

VI, 36

Die Erkenntnis spricht zur Seele:
»O liebende Seele, ich sah dich so zart,
von ganz wundervoller und liebreicher Art.
Ein [Gnaden]licht ward mir dazu geliehen,
daß ich dich könne besehen,
sonst wär es mir nie geschehen.
Du bist dreifaltig in dir,
du kannst wohl Gottes Bild sein ...«

II, 19

Betrachte ich, daß die göttliche Natur nun Bein und Fleisch, Seele und Leib an sich hat, so erhebe ich mich in großer Freude weit über meine Würde. Auch der Engel ist in bestimmtem Maß nach der Heiligen Dreifaltigkeit gebildet, doch ist er ein reiner Geist. Die Seele allein ist mit ihrem Fleisch Hausherrin im Himmelreich und sitzt neben dem ewigen Hausherrn, dem sie am meisten gleicht.

Und da leuchtet Aug in Auge,
und da fließet Geist in Geist,
und da greifet Hand zu Hand,
und da redet Mund zu Mund,
und da grüßet Herz zu Herz.
IV, 14

Ein jeder aber sollte in sich ein Christus sein,
so daß der Mensch Gott lebte und nicht sich selbst.
VI, 4

VERHÄLTNIS VON LEIB UND SEELE

In der Ekstase scheidet die Seele vom Leib mit all ihrer Macht, Weisheit und Liebe und mit all ihrem Verlangen. Nur das Mindeste an Lebenskraft bleibt im Leibe wie in einem süßen Schlafe ... Da grüßt er (Gott) sie in der Hofsprache, die man in dieser Küche nicht versteht ... Dann entrückt er sie weiter an einen heimlichen Ort, ... denn er will allein mir ihr spielen, ein Spiel, das der Leib nicht versteht, noch die Bauern beim Pfluge, noch die Ritter im Turnier, noch seine liebreiche Mutter Maria . – *Nach der Ekstase erseufzt die Seele* mit aller Macht, daß der Leib erschüttert wird. Da spricht der Leib: »Eia, Herrin, wo bist du jetzt gewesen? Du kommst so liebreich wieder, so schön und kraftvoll, so frei und sinnenreich. Deine Entrückung hat mir all meine Lust, meinen Duft und meine Schönheit und all meine Macht genommen.«

Da spricht sie: »Schweig, Mörder!
Laß dein Klagen sein!
Ich will mich immer hüten vor dir;
daß mein Feind verwundet ist,
kümmert uns nicht,
ich freue mich des.«

Dies ist ein göttlicher Gruß,
der hat viele Adern
und strömt aus dem fließenden Gott.
I,2

Mein Leib ist in großer Qual,
meine Seele ist in hoher Wonne,
denn sie hat geschaut
und mit Armen umfangen
ihren Liebsten allzumal.
Von ihm hat sie, die Ärmste, ihre Qual.
Er zieht sie empor
daß sie sich ganz verlor
und nicht konnt an sich halten,
bis er sie in sich hineinnahm …

Und er erhebt sie wieder und schenkt ihr einen Gruß, den der Leib nicht aussprechen kann. Und der Leib spricht zur Seele:

»Wo bist du gewesen? Ich kann nicht mehr.«

Antwortet die Seele: »Schweig, du bist ein Tor,
ich will bei meinem Liebsten bleiben,
würde dir das auch zum Verderben gereichen.«
I,5

So sprach meine Seele zu ihrem Lieben:
»Herr, deine Freigebigkeit ist die Nahrung meines Leibes in wunderbarer Weise.
Deine Barmherzigkeit ist die Zuversicht meiner Seele in einzigartiger Weise.
Deine Liebe ist die Ruhe meines Wesens auf ewig.«
I,33

Und seine Gottheit wird mir nie so fremd,
daß ich sie nicht immer und ungehemmt
in allen meinen Gliedern fühle
und deshalb nie erkühle.
Was kümmerts mich denn, was die Engel fühlen?
II,22

Bin ich aber übertrunken, dann kann ich an meinen Leib nicht denken; denn die Minne befiehlt mir, und was sie will, das muß geschehen, und worauf Gott seine Hoffnung setzt, das wage ich. Denn nimmt er mir den Leib, gehört die Seele ihm.
III,3

Je höher die Seele erhoben wurde, desto weniger Wohlgefallen soll sie dem Leibe im Tun und Reden erzeigen. Man soll auch den Kummer vor seinen Augen nicht klagen, denn er ist von Natur aus ein Feig-

ling. Man soll ihn (vielmehr) wie einen alten Pfründer halten, der nicht mehr am Hofe dienen kann, und gewähre ihm nur Gott zuliebe ein Almosen.
III, 1

Bitternis des Herzens kommt von der Menschheit,
Schwäche des Leibes kommt nur vom Fleisch,
Zartheit des Herzens kommt vom Adel der Seele,
Schrecken vor der Strafe kommt von der Schuld,
Krankheit des Leibes kommt von der Natur,
elende Not kommt vom Mutwillen,
seltene Tröstung kommt von Unruhe.
II, 14

Aber Wohlsein des Leibes und Trost der Sinne,
muß man mit demütiger Furcht empfangen,
will man zur vollen Wahrheit gelangen.
VI, 19

Der armselige Leib aber muß sich vor beidem, der Finsternis des Herzens und der Schwäche seiner äußeren Sinne fürchten und schämen, weil er durch den Tod noch nicht verwandelt ist.

Denn die Seele ist in ihrem Leib
so schön wie im Himmelreich,
doch ist sie nicht so sicher.
Sie ist so kühn, sie ist aber nicht so stark.
Sie ist so mächtig, aber nicht so beständig.
Sie ist so liebevoll, aber nicht so selig.
Sie ist so freigebig, aber nicht so reich.
Sie ist so heilig, aber nicht so unschuldig.
Sie ist so gesättigt, aber nicht so erfüllt.

So empfindet nur die Seele, die hier mit der
demütigen Gottesliebe durchflossen ist.
V,4

Das Schlimmste, war mir widerfuhr, war »ein Kelch mit Galle, der war so stark, daß er meinen Leib und meine Seele mitten durchtraf.«
II,4

Die Minne durchwandelt die Sinne und stürmt mit allen Kräften auf die Seele ein. Wenn die Minne in der Seele wächst, hebt sie sich mit großem Verlangen auf zu Gott, und zerfließend weitet sie sich für das Wunder, das über sie hereinbricht. (Die Minne) schmilzt durch die Seele in die Sinne. Daher gewinnt auch der Leib seinen Teil, so daß er (durch die Minne) in allem geformt wird.
V,4

Sie fängt an, seine Süßigkeit zu empfangen, und er beginnt, sie mit seiner Gottheit anzureden, daß die Kraft der Heiligen Dreifaltigkeit ihre Seele und ihren Leib ganz durchgeht. Sie empfängt hierbei die wahre Weisheit, und er beginnt sie so zu lieben, daß sie krank wird. Dann hängt sie sich so an ihn, daß er liebeskrank wird; und dann beginnt er das Maß zu mäßigen, weil er ihr Maß besser kennt als sie selbst. Darauf entbrennt ihr Verlangen, ihm große Treue zu leisten, und er fängt an, ihr die volle Erkenntnis zu geben. Und sie beginnt seine Liebe selig in ihren Sinnen zu verkosten, und er beginnt in heiligem Willen alle Gaben in ihrer Seele zu befestigen.
VI,1

Die Seele spricht mit Christus:
»Aber ich fürchte sehr, wie ich aus meinem Leib herauskommen werde.« Da sprach unser Herr: »Wenn das geschehen soll, werde ich meinen Atem einziehen, so daß du mir folgst wie einem Magnet.«
V,32

Die Seele spricht zum Leib:
»Eia, mein allerliebstes Gefängnis,
in dem ich gefesselt bin,
ich danke dir, daß du folgtest mir,
wenn ich auch oft geschlagen war von dir,
du bist mir doch zu Hilfe gekommen.«
VII,65

DIE SÜNDE UND GOTTES BARMHERZIGKEIT

Einige Menschen, die gelehrt sind, sagen, es sei menschlich, daß man sündigt. Bei aller Versuchung meines sündhaften Leibes und bei aller Empfindung meines Herzens und bei aller Erkenntnis meiner Sinne und bei allem Adel meiner Seele konnte ich es nie anders finden, als daß es teuflisch sei, daß man eine Sünde begeht.

Die Sünde sei klein oder groß,
der Teufel ist immer ihr Genoß.
V,16

Daß wir unter Anstrengungen dienen, kommt daher, daß wir sündig sind.
VI,41

Ich kenne niemanden, der so gut ist, daß er es nicht nötig hätte, ohne Unterlaß sein Herz zu prüfen und daraufhin zu erkennen, was in ihm wohnt, und alle seine Werke häufig zu tadeln. Dies soll man mit demütigen Worten tun.

VII, 3

Was kann der Mensch denn aus sich selber tun?
Nichts anderes als die Sünde!
Denn die Menschheit hat nie etwas vollbracht,
was die Gottheit nicht vorherbedacht.

VI, 13

Der Herr sprach zu ihr: »Die Sünden stinken mich an aus dem Abgrund der Erde bis zum Himmel. Wenn es möglich wäre, verjagten sie mich daraus ... Jetzt muß ich zuweilen wegen der Sünde meine Gerechtigkeit aufrichten.«

VII, 10

Man kann das große Wild nicht fangen, wenn man es nicht ins Wasser jagt. Ebenso wird nie ein Sünder bekehrt, wenn er nicht durch das heftige Verlangen heiliger Leute in die tiefen Tränen ihres Herzens gejagt wird.

VI, 6

Dies ist des himmlischen Vaters Antwort:
»Meine Seele kann es nicht ertragen,
den Sünder von mir zu verjagen.
Darum folge ich manchem so lange,
bis ich ihn fange,

und behalte für ihn einen so schmalen Ort,
daß kein Menschenverstand mir folgt bis dort.«
VI, 16

Ist eine Sünde noch so heilig nachgelassen,
sie wäre doch besser unterlassen.
VII, 27

3.
DES MENSCHEN SELIGKEIT

WIE GOTT DIE SEELE LIEBT

Ich komme zu meinem Lieb
wie der Tau auf die Blume.

I, 13

Sei willkommen, liebe Taube!
Du bist so kühn über die Erde geflogen,
daß dir Flügel wuchsen im Himmel droben.

I, 15

Du schmeckst wie eine Weintraube,
du duftest wie ein Balsam,
du leuchtest wie eine Sonne,
du bist ein Wachstum meiner höchsten Minne.

I, 16

O du schöne Rose im Dorne!
O du fliegende Biene im Honig!
O du reine Taube in deinem Sein!
O du schöne Sonne in deinem Schein!
O du voller Mond in deinem Stande!
Ich kann mich nicht von dir wenden.

I, 18

Du bist mein überaus sanftes Lagerkissen,
mein schönstes Minnebett,
meine heimlichste Ruhe,
meine tiefste Sehnsucht,
meine höchste Herrlichkeit.
Du bist eine Lust meiner Gottheit,
ein Trost meiner Menschheit,
ein Bach meiner Hitze.
I, 19

Eia, liebe Taube,
deine Füße sind rot,
deine Federn sind glatt,
dein Mund ist wohlgeformt,
deine Augen sind schön,
dein Haupt ist edel,
dein Wandel ist lustvoll,
dein Flug ist rasch und kühn,
und du bist allzuschnell wieder auf Erden.
II, 17

Gott antwortet der Seele:
»Daß ich dich überaus liebe, entspricht meiner Natur,
weil ich die Liebe selber bin.
Daß ich dich oftmals liebe, kommt von meiner Sehnsucht,
weil ich ersehne, daß man mich herzlich liebt.
Daß ich dich lange liebe, kommt von meiner Ewigkeit,
weil ich ohne Anfang und ohne Ende bin.«
I, 24

Gott spricht zur Seele:
»Du bist ein Licht vor meinen Augen,
du bist eine Harfe meinen Ohren,
du bist ein Klang meinen Worten,
du bist ein Gedanke meiner Heiligkeit,
du bist ein Ruhm meiner Weisheit.
du bist ein Leben in meiner Lebendigkeit,
du bist eine Verherrlichung in meinem Sein.«
III,2

Da sprach der liebende Mund,
der meine Seele küßte wund,
in seinen erhabenen Worten,
die ich niemals würdig hörte:
»Du bist meiner Sehnsucht Liebesfühlen,
du bist meiner Brust ein süßes Kühlen
du bist ein inniger Kuß meines Mundes,
du bist eine selige Feude meines Fundes,
ich bin in dir, du bist in mir,
wir können einander nicht näher sein,
denn wir sind beide in eins geflossen
und sind in eine Form gegossen
und verbleiben so ewig unverdrossen.«
III,5

Denn die himmlische Gabe, mit der Gott seine auserwählten Lieben zu grüßen und zu lehren pflegt, ist von Natur so edel und so fein und fließt so süß, [daß ihnen alles Körperliche entschwindet] wenn der ewige Gott zu der liebesfreudigen Seele in das enge Brautbett gehen will. Denn er ist von ihrer Liebe so tief verwundet, daß er länger als dreißig Jahre auf alle Dinge, die ihm angenehm waren, verzichtete, damit

er sie durchküssen und mit seinen bloßen Armen umfangen könne.
Würdest du hieran denken, wie könntest du dich so bäurisch verhalten? Du müßtest ihm dreißig Jahre lang eine Stunde am Tag geben.

VI,1

Und wie immer ich mich näher zu dir geselle, Gott ist stets mächtiger und wunderbarer auf mich gefallen.
Aber je tiefer ich sinke, desto süßer ich trinke.

IV,12

Gott hat an allen Dingen genug:
Nur allein die Berührung der Seele wird ihm nie genug.

IV,12

So antwortet Gott: »Mein Gegengruß gleicht einer großen Himmelsflut.
Wollt ich mich nach meiner Macht dir geben,
du behieltest nicht dein menschliches Leben.«

V,18

Die Erinnerung Gottes und die der minnenden Seele kommen in derselben Weise zusammen, wie sich Sonne und Luft durch Gotteskraft im süßen Durchdringen vermengen, so daß die Sonne die Kälte und Finsternis der Luft überwindet.
Daß man denkt, es sei alles eine einzige Sonne, dies kommt von der göttlichen Wonne.

VII,55

Herr, du bist mein Geliebter,
meine Sehnsucht,
mein fließender Brunnen,
meine Sonne,
und ich bin dein Spiegel.
I,4

»Deine Sehnsüchte sind der Überfluß meiner Gabe.«
I,2

Eia, Herr, ich bitte dich, laß mein Verlangen nicht ersterben,
wenn ich mit meinem Leibe nichts mehr vermag zu erwerben!
Da sprach unser Herr: »Dein Verlangen wird leben,
denn es kann nicht sterben, weil es ewig ist.«
I,15

Du leuchtest in meiner Seele
wie die Sonne auf dem Golde.
Herr, wenn ich in dir ruhen darf,
ist meine Wonne überreich.
Du kleidest dich mit meiner Seele,
bist selber auch ihr nächstes Kleid.
Daß dem ein Scheiden sollte sein,
ist mehr als alle Herzenspein.
Wolltest du mich heftiger minnen,
käm ich ganz gewiß von hinnen,
wo ich dich ohne Unterlaß
nach Wunsche könnte minnen.

Nun hab ich dir gesungen,
noch ist es mir nicht gelungen –
wolltest *du* mir singen,
dann müßte es mir gelingen.
II,5

Denn wo zwei Geliebte verborgen sich sehen,
müssen sie oft abschiedslos voneinander gehen.
I,44

Wird ein Mensch zu einer Stund
von wahrer Liebe gänzlich wund,
so wird er nie mehr recht gesund,
er küsse denn denselben Mund,
der seine Seele machte wund.
II,15

Herr, so harre ich denn mit Hunger und mit Durst,
mit Jagen und mit Lust.
Bis an die spielende Stunde,
da aus deinem göttlichen Munde
die erwählten Worte strömen hervor.
Sie dringen in kein Ohr,
nur in die Seele allein,
die sich von der Erde entkleidet
und ihr Ohr legt an deinen Mund.
Ja, die begreift der Minne Fund.
II,6

Die Seele spricht mit der Braut des Hohenliedes und antwortet ihr:
»Frau Braut, ich habe nach dem himmlischen
  Vater einen Hunger,
in ihm vergesse ich allen Kummer.

Und ich habe nach seinem Sohn einen Durst,
der benimmt mir alle irdische Lust.
Und ich habe von ihrer beider Geist so viel
Liebesnot,
die geht über des Vaters Weisheit,
die ich nicht begreifen kann
und über des Sohnes Leid,
das ich nicht ertragen kann
und über des Heiligen Geistes Trost,
der mir nicht geschehen kann.
Wer sich in dieser Not verfängt,
bleibt immer ungelöst
in Gottes Seligkeit versenkt.«
III, 3

Da sprach sie: »Herr, die Stärke des Verlangens hat
mir die Stimme zum Sprechen genommen.«
III, 23

Dann laß mich lang in Sehnsucht nach dir gehen.
Ich weiß es wohl, es muß doch, Herr,
die erste Lust nach mir in dir entstehen.
III, 23

Meine Pein ist tiefer als der Abgrund,
mein Herzeleid ist weiter als die Welt,
meine Furcht ist größer als die Berge,
meine Sehnsucht reicht höher als die Sterne.
VII, 8

Soviel wir Verlangen nach Gottes Lob haben,
Einsicht in die Gabe (und) geordneten Genuß nach
göttlichem Willen,

soviel gleichen wir den Propheten und den heiligen Vätern,
die sich mit großen Tugenden in Gott bezwangen.
VI, 32

Wo zwei heiße Verlangen zusammenkommen,
da ist die Minne vollkommen.
VII, 16

Bedecke mich mit dem Mantel deines großen Verlangen!
VII, 35

Ich kann auch das nicht ertragen,
daß ein einziger Trost mich berühre,
außer von meinem Viellieben.
Meine irdischen Freunde liebe ich
wie Gefährten der Ewigkeit,
und meine Feinde liebe ich
in heiligem Schmerz nach ihrer Seligkeit.
IV, 12

Dies ist ein süßes Jammerklagen:
Wer aus Minne stirbt,
den soll man in Gott begraben.
I, 3

Das übersüße Verlangen, wonnig, hungrig, minnevoll, fließt überschwenglich von Gott immer tiefer in die Seele.
VI, 22

O du gießender Gott in deiner Gabe!
O du fließender Gott in deiner Minne!
O du brennender Gott in deiner Sehnsucht!
O du verschmelzender Gott in der Einung mit deinem Lieb!
O du ruhender Gott an meinen Brüsten!
Ohne dich kann ich nicht mehr sein.
I, 17

Die Seele spricht zu Christus:
»Ich tanze, Herr, wenn du mich führst!
Soll ich sehr springen,
mußt du selber vorsingen.
Dann springe ich in die Minne,
von der Minne in die Erkenntnis,
von der Erkenntnis in den Genuß,
vom Genuß über alle menschlichen Sinne.
Dort will ich verbleiben und doch höher kreisen.«
I, 44

Im schönsten Licht ist sie blind in sich selbst,
in der größten Blindheit sieht sie wundervoll klar,
in der größten Klarheit ist sie tot und lebendig.
I, 22

Herr, meine Füße sind gefärbt mit dem Blut deiner wahren Erlösung.
Meine Federn wurden geglättet in deiner edlen Erwählung,
mein Mund ist geformt von deinem Heiligen Geiste,

meine Augen wurden strahlend in deinem feurigen Lichte,
mein Haupt ist geadelt durch deinen getreuen Schirm,
mein Wandel ist lustvoll durch deine verschwenderische Gabe,
mein Flug ist rasch und kühn durch deine unaufhörliche Seligkeit,
mein Sinken zur Erde kommt von der Vereinigung mit meinem Leibe.
Je größere Freiheit du mir gibst, um so länger kann ich in dir verweilen.

II, 18

An die Schöpfung des dritten Himmels ist Gott gegangen
ob der Gottesgelehrten Verlangen.
Dort wird die Seele des wahren Lichtes inne.
Dann sprechen die Sinne:
Unsere Herrin, die Seele, hat geschlafen von Jugend auf,
nun wachte sie im Lichte der offenen Liebe auf.

II, 19

Es gibt sonst keinen Herrn mehr,
der zugleich in all seinen Schlössern wohnt
denn allein ER.
Er wohnt im Frieden der heiligen Innigkeit
und redet raunend mit der Geliebten in der Seele tiefer Einsamkeit,
er umarmt sie auch im edlen Wohlgefallen seiner Liebe.
Er grüßt sie mit seinen seligen Augen,
wenn sie die Liebenden wahrhaft schauen.

Er durchküßt sie mit seinem göttlichen Munde,
wohl dir, ja mehr als wohl, ob der überherrlichen
Stunde!
Er liebt sie mit aller Macht auf dem Lager der
Minne,
und sie kommt in die höchste Wonne
und in das innigste Weh,
wird sie seiner recht inne.
II, 23

Aber der süße Herzklang
den muß ich verschweigen,
denn keine Menschenhand kann ihn beschreiben.
II, 25

Daß man denkt, es sei alles eine einzige Sonne,
dies kommt von der göttlichen Wonne.
Gott schenke und erhalte uns allen diese Minne!
VII, 55

Wenn die Minne der Seele voll erblüht ist, dann erhebt sie sich auch zur höchsten Höhe, soweit es eben dem Menschen möglich sein kann, denn die Liebe hat in ihrer Ordnung ein Maß. Hätte sie kein Maß, ach, süßer Gott, wie manches reine Herz bräche in süßer Wonne.
V, 4

Jetzt sollst du, Viellieber, mich nicht so sehr
sparen,
ich möchte einst aus Minne sterben,
du kannst mich, o Herr, nicht anders mehr stillen.

Nimm und gib mir, Herr, alles nach deinem Willen
und laß mir allein nur diesen Willen:
daß ich sterbe aus Minne, in der Minne. Amen.
VII, 21

Die Seligen, die jetzt im Himmel schweben ... halten sich in Gottes Atemzug wie die Luft in der Sonne.
III, 1

Herr, nun bist du mein, denn du bist mir heute gegeben, auch nach der Schrift, in der es heißt: »Puer natus est nobis.«
III, 15

Wenn Gott mir sein hehres Antlitz zeigen will,
hat die Seele ihr erwünschtes Spiel ...
Dies kann auf Erden nie nach meinem Herzen geschehen.
VII, 35

MINNEGESPRÄCHE

Die Seele kam zu der Minne
und grüßte sie mit verehrendem Sinne
und sprach: »Gott grüße Euch, Frau Minne!«

»Gott lohne Euch, liebe Frau Königin.«

»Frau Minne, Ihr seid sehr vollkommen.«

»Frau Königin, darum beherrsche ich alle Dinge.«

»Frau Minne, Ihr habt viele Jahre gerungen,
eh Ihr die hohe Dreifaltigkeit habt bezwungen,
daß sie sich allzumal ergoß
in Mariens demütig jungfräulichen Schoß.«

»Frau Königin, das gereicht Euch zu Ehren
und Frommen.«

»Frau Minne, Ihr seid zu mir gekommen und habt
mir alles genommen,
was ich auf Erden je gewann.«

»Frau Königin, Ihr habt einen glücklichen
Tausch getan.«

»Frau Minne, Ihr nahmt mir meine Kindheit.«

»Frau Königin, dafür gab ich Euch
himmlische Freiheit.«

»Frau Minne, Ihr nahmt mir meine ganze Jugend.«

»Frau Königin, dafür gab ich Euch manch
heilige Tugend.«

»Frau Minne, Ihr nahmt mir Besitz, Verwandte
und Vertraute.«

»Eia, Frau Königin, das sind erbärmliche
Klagelaute.«

»Frau Minne, Ihr nahmt mir weltliche Ehren,
weltliche Reichtümer und die ganze Welt.«

»Frau Königin, dafür leist ich Euch in einer
Stunde Entgelt
auf dem Erdreich mit dem Heiligen Geiste,
wie es Euch gefällt.«

»Frau Minne, Ihr habt mich so sehr übermannt,
daß mein Leib sich wand
in sonderbarem Erkranken.«

»Frau Königin, dafür gab ich Euch hohe
Erkenntnis und tiefe Gedanken.«

»Frau Minne, Ihr habt verzehrt mein Fleisch und
Blut.«

»Frau Königin, dafür sei Ihr geläutert und
gezogen in Gott.«

»Frau Minne, Ihr seid eine Räuberin, Ihr müßt mir
noch mehr vergelten.«

»Frau Königin, so nehmt doch mich selber
hin!«

»Frau Minne, nun habt Ihr mir vergolten
hundertfältig auf der Erde.«

»Frau Königin, noch dürft Ihr fordern, daß
Euch Gott und sein ganzes Reich werde.«

I, 1

Die süße Last der Seele klagt der Minne ihre Not:

»Eia, allerliebste Jungfrau,
nun bist du lange meine Kammerfrau gewesen,
jetzt sage mir, wohin wird mich dies führen?
Du hast mich gejagt, gefangen, gebunden
und mich versehrt mit tiefen Wunden,
daß ich nimmer kann gesunden.
Du hast mir viele Keulenschläge gegeben.
Sag mir, werd ich zujüngst von dir genesen?
Werde ich nicht getötet von deiner Hand?
Dann wäre mir besser, ich hätte dich nie gekannt.«

»Daß ich dich jagte, das drängte mich;
daß ich dich fing, das begehrte ich;
daß ich dich band, das freute mich.
Als ich dich verwundete, wardst du mit mir vereint.
Wenn ich dir Keulenschläge gebe, kommst du in meine Gewalt.
Ich hab den allmächtigen Gott vom Himmel getrieben
und hab ihm benommen sein menschliches Leben
und ihn mit Ehren seinem himmlischen Vater wiedergegeben.
Wie wähnst du, schnöder Wurm, von mir zu genesen?«

»Sprich, meine Kaiserin (was das sei:)
Ich fürchte eine kleine, geheime Arznei,
die mir Gott oft gegeben,
daß ich durch sie vermöchte weiterzuleben.«

»Wünscht man die Gefangenen nicht tot,
gibt man ihnen Wasser und Brot.
Die Arznei, die dir Gott oft gegeben,
ist bloß eine Frist für das menschliche Leben.
Kommt aber einst dein Ostertag
und empfängt der Leib den Todesschlag,
so werde ich dich ganz umschlingen
und werde dich ganz durchdringen
und werde dich deinem Leibe stehlen
Und werde dich deinem Liebsten geben.«

»O Minne, diesen Brief hab ich aus deinem Munde geschrieben.
Nun gib mir, Herrin, dein Siegel!«

»Wer je Gott über sich lieb gewann,
weiß wohl, wo er das Siegel hernehmen kann:
Es liegt zwischen uns beiden.«

I,3

Gespräch zwischen Sinnen und Seele

Sinne: »Herrin, in der Jungfrauen Keuschheit ist die große Liebe bereit.«

Seele: »Das mag wohl sein, doch ist es hier
nicht das Allerhöchste an mir.«

»In der Märtyrer Blut könnt Ihr Euch herrlich kühlen.«

»Ich bin gemartert so manchen Tag,
daß ich mich dort nicht zu kühlen vermag.«

»Im Rate der Bekenner leben reine Leute gern.«

»Nach einem Rat will ich immer gehn,
Für Tun und Lassen mich versehn.
Doch kann ich jetzt nach ihm nicht sehn.«

»In der Apostel Weisheit
findet Ihr große Sicherheit.«

»Ich hab die Weisheit hier bei mir,
das Beste wähl ich stets mit ihr.«

»Herrin, die Engel sind klar
und strahlen von Liebe gar.
Wollt Ihr Euch kühlen, so hebt Euch dar!«

»Der Engel Wonne schafft mir nur Liebesweh,
wenn ich ihren Herrn und meinen Bräutigam nicht seh.«

»So kühlt Euch in dem heiligen harten Leben,
das Gott Johannes dem Täufer gegeben.«

»Zu der Beschwernis bin ich bereit,
doch geht der Liebe Kraft über alle Mühsal
weit.«

»Herrin, wollt Ihr Euch minniglich kühlen,
so neigt Euch zu der Jungfrau Schoß
und ihrem Kinde und schmeckt und schaut,
wie der Engel Freude von der ewigen Jungfrau
die natürliche Milch saugt.«

»Das ist Kindesliebe,
daß man Kinder stille und wiege.
Ich bin eine vollerwachsene Braut,
ich will gehn zu meinem Traut.«

»O Herrin, kommt Ihr so einher,
müssen wir erblinden sehr.
Denn die Gottheit ist ein heißer Brand,
wie es dir ja gut bekannt.
Alle die Feuer und alle die Gluten,
die Himmel und Heilige durchfluten
und das große Brennen
ist alles ausgeflossen
aus seinem göttlichen Atem
und aus seinem menschlichen Munde
nach dem Rate des Heiligen Geistes;
wer kann da verbleiben nur eine Stunde?«
I,44

Gespräch zwischen Seele und Gott

Seele: »Ich bin verwundet auf den Tod
von deinem feurigen Liebesstrahl.
Nun läßt du mich, Herr, in großer Qual
ungesalbt hier liegen.«

> Gott: »Liebes Herz, meine Königin,
> was quält dich ungeduldiger Sinn?
> Wenn ich dich allertiefst verwunde,
> salbe ich dich liebevollst zur Stunde.
> Die Größe meines Reichtums ist dein allein,
> und über mich selber wirst du gewaltig sein.
> Ich bin dir von ganzem Herzen hold.
> Hast du die Waage, hab ich das Gold.
> Was du getan, gelassen, gelitten meinetwegen,
> das will ich dir alles wiederwägen.
> Und will mich dir schenken für ewige Zeiten
> Und all deinem Willen Erfüllung bereiten.«

»Herr, ich will dich zwei Dinge fragen,
die erkläre mir nach deinen Gnaden:
Wenn meine Augen in der Verlassenheit trauern
und mein Mund einfältig schweigt
und meine Zunge, in Sehnsucht gebunden,
und meine Sinne mich fragen Stunden um Stunden,
was mir sei,
dann steht alles in mir,
Herr, gänzlich nach dir.
Und mein Fleisch verfällt mir,
Und mein Blut vertrocknet,
und mein Gebein erfriert,
meine Adern krampfen,
und mein Herz zerschmilzt nach deiner Minne,

und meine Seele schreit mit eines hungrigen Löwen Stimme.
Wie mir da ist?
Wo du dann bist?
Viellieber, das sage mir!«

»Dir ist wie einer jungen Braut,
der im Schlaf entfloh ihr einziger Traut,
dem sie in allem Vertrauen sich zuneigt,
und sie kann es nicht erleiden,
sich einen Augenblick von ihm zu scheiden.
Denn wenn sie erwacht, kann sie ihn nicht mehr haben
als ihre Sinne ihn vermögen zu bewahren.
Daher rühren all ihre Klagen ...

Sei du verhalten und still,
und verbirg deinen Kummer nach deiner Macht,
so mehrt sich an dir der Minne Kraft.
Nun sage ich dir, wo ich dann bin:

Ich bin in mir selbst,
an allen Stätten und in allen Dingen,
wie ich je war vor allem Beginnen.
Und warte dein im Baumgarten der Minne
und breche dir die Blumen der süßen Einung
und bereite dir da ein Bett
aus dem blühenden Grase der heiligen Erkenntnis;
und die lichte Sonne meiner ewigen Gottheit
bescheint dich mit dem verborgenen Wunder meiner Seligkeit,
die du ein wenig und verschwiegen verkündet hast.«

II, 25

Gespräch zwischen der Braut und den Kreaturen

Die Braut sprach:

»Mein Lieber ist mir in meinem Schlafe entflohen, als ich in der Vereinigung mit ihm ruhte.«

»Kann Euch diese herrliche Welt und alles Gute, das sie hat, nicht trösten?«

»Nein, ich sehe die Schlange der Falschheit und die Schlingen der trügerischen Hinterlist in aller Lust dieser Welt. Ich sehe auch die Angel der Begierde im Aas unedler Süßigkeit, womit sie manchen fängt.«

»Kann Euch der Himmel nicht trösten?«

»Nein, er wäre in sich selber tot,
wäre nicht der lebendige Gott.«

»Nun, Frau Braut, können Euch die Heiligen nicht trösten?«

»Nein, müßten sie von der Durchfließung
der lebendigen Gottheit scheiden,
würden sie mehr weinen als ich,
weil sie hoch über mir thronen
und tiefer in Gott wohnen.«

»Kann Euch Gottes Sohn nicht trösten?«

»Ja, ich frage ihn dann, wenn wir gehen
in die Blumen der heiligen Erkenntnis,
und bitte ihn voll Verlangen,
daß er mir die spielende Flut aufschließt,
die in der Heiligen Dreifaltigkeit fließt,
von der die Seele alleine lebt.

Soll ich getröstet werden nach meiner Edelkeit,
muß mich Gottes Atem in sich ziehen ohne
Beschwerlichkeit.«

IV, 12

DAS WUNDER DER TRINITÄT

In dem Jubel der Heiligen Dreifaltigkeit, da Gott nicht mehr an sich halten konnte, erschuf er die Seele und gab sich ihr zu eigen in großer Liebe.

I, 22

Der Mensch hat vollkommene Natur in der Heiligen Dreifaltigkeit, und Gott geruhte, ihn mit seinen göttlichen Händen zu machen. Als er die hochheilige Schöpfung an uns verlor, überwältigte ihn in ihm selber eine dreifaltige Lust. Darum wollte er uns zurückbringen mit seinen Füßen und mit seinen eigenen Händen, damit wir dadurch große Vereinigung mit ihm hätten. Wäre der Mensch im Paradies geblieben, Gott wäre dann in sichtbarer Weise mit ihm umgegangen und hätte seine Seele gegrüßt und seinen Leib erfreut.

IV, 14

Der süße Tau der anfangslosen Dreifaltigkeit
fiel aus dem Brunnen der ewigen Gottheit
in die Blume der auserwählten Magd.
Und der Blume Frucht ist ein unsterblicher Gott,
lebender Trost des ewigen Lebens.
Unser Erlöser ist Bräutigam geworden.

I, 22

Der Strahl der Gottheit durchschießt sie
mit einem unbegreiflichen Licht;
die liebende Menschheit grüßt sie
in brüderlicher Freundschaft;
der Heilige Geist berührt sie
mit seiner fließenden Flut ...
Der ungeteilte Geist speist sie
mit dem Glanze seines hehren Antlitzes
und erfüllt sie mit dem seligen Atem
seines fließenden Mundes.
II, 3

Und wie die Gottheit klingt
und die Menschheit singt
und der Heilige Geist die Harfen des Himmels
spielt,
daß alle Saiten erklingen,
die da gespannt sind in der Minne.
II, 3

Die süße Lust des Heiligen Geistes ...
hat mir alles genommen,
was unterhalb der Gottheit wohnt.
Mir schmeckt nichts, denn alleine Gott;
ich bin dieser Welt ganz wunderlich tot.
IV, 12

»Meinen Genuß, den ich habe,
empfindet die Seele selber recht gut.
Ich kann ihr nicht alle Vertraulichkeit geben,
außer sie wolle ganz ledig und bloß
in meine göttlichen Arme sich legen,
so daß ich dann mit ihr spielen kann.
Drum hab ich mich in ihre Gewalt gegeben

als ein Kind, arm, nackt, verachtet und bloß,
und zuletzt im Tod,
auf daß sie allein – eia, wenn sie's begehre –
meine nächste und liebste Gespielin wäre.
Und es sollen in meiner Dreifaltigkeit
fließen und spielen Seele und Leib
und sich nach Herzenslust tummeln mehr und
mehr
und ertrinken wie der Fisch im Meer.
Wo bleibt dann alles, was ihr schwer?
Was sie durch mich nach mir gelitten?
So werde ich ihr süßen Tausch bereiten.«
V,25

Wer hiervon mehr sprechen will, der lege sich in
das Feuer
und sehe und koste, wie die Gottheit fließt
und wie die Menschheit gießt,
wie der Heilige Geist ringt
und manches Herz bezwingt,
damit es Gott übertrunken minnt.
VI,29

Herr, dein Wunder hat mich verwundet!
Deine Gnade hat mich erdrückt!
I,14

Ich dachte auch nie, daß so etwas einem Menschen
widerfahren könnte.
IV,2

Eia, liebster Jesus Christ,
nun sende mir den süßen Regen deiner Menschheit
und die heiße Sonne deiner lebendigen Gottheit

und den reichen Tau des Heiligen Geistes,
dann verwinde ich mein Herzeleid.
IV,5

Herr, ewiger Vater, da ich aller Menschen Unwürdigste
doch aus deinem Herzen in geistlicher Weise geflossen bin,
und ich, Herr, Jesus Christus, aus deiner Seite in fleischlicher Weise geboren bin,
und ich, Herr, Gott und Mensch, mit euer beider Geist gereinigt bin,
spreche ich armer, betrübter Mensch:
Herr, himmlischer Vater, du bist mein Herz!
Herr, Jesus Christus, du bist mein Leib!
Herr, Heiliger Geist, du bist mein Atem!
Herr, Heilige Dreifaltigkeit, du bist meine einzige Zuflucht und meine ewige Ruhe.
V,6

Die Stimme des *Vaters* spricht im Lobgesang: »Ich bin ein ausfließender Brunnen, den niemand erschöpfen kann. Aber es kann jemand sehr leicht sein Herz selbst durch einen unnützen Gedanken verstopfen, so daß die sich immer und ewig bewegende Gottheit, die stets ohne Anstrengung wirkt, nicht in seine Seele fließen kann.«

Der *Sohn* singt: »Ich bin ein (stets) wiederkehrender Reichtum, den niemand behalten kann als allein die Verschwendung, die je geflossen ist und immer neu von Gott ausfließt (und) ganz wiederkommt in seinem Sohn.«

Der *Heilige Geist* singt dieses Lob: »Ich bin eine unüberwundene Kraft der Wahrheit. Man findet sie bei dem Menschen, der ruhmvoll in Gott ausharrt, was immer ihn anfällt.«
V,26

Eia, lieber Herr, erbarme dich über den, der hier in der Minne verbrannt ist und tief in deiner Demut verschwunden und in allen Dingen zunichte geworden ist! – Und Gott spricht:

»Meine Gottheit hat dich verbrannt,
meine Menschheit hat dich erkannt,
mein heiliger Geist machte dich in der Armut
heilig.
Die da viel minnen, die schweigen selig.«
V,26

Gott spricht zu Mechthild:
»Deine Kindheit war eine Gefährtin meines
Heiligen Geistes,
deine Jugend war eine Braut meiner Menschheit,
dein Alter ist jetzt eine Ehefrau meiner Gottheit.«
VII,3

4.
LOBPREISUNGEN

SO SINGT DER NEUNFACHE CHOR ...

Wir loben dich Herr, daß du uns gesucht hast in deiner Demut.
Wir loben dich Herr, daß du uns behalten hast in deiner Barmherzigkeit.
Wir loben dich Herr, daß du uns geehrt hast mit deinem Leiden und deiner Schmach.
Wir loben dich Herr, daß du uns erquickt hast in deiner Güte.
Wir loben dich Herr, daß du uns geordnet hast in deiner Weisheit.
Wir loben dich Herr, daß du uns beschirmt hast mit deiner Macht.
Wir loben dich Herr, daß du uns geheiligt hast durch deinen Adel.
Wir loben dich Herr, daß du uns erleuchtet hast in deiner Vertraulichkeit.
Wir loben dich Herr, daß du uns erhöht hast in deiner Liebe über alle Kreaturen.

I,6

O du brennender Berg!
O du auserwählte Sonne!
O du voller Mond!
O du grundloser Bronnen!
O du unerreichbare Höhe!

O du Klarheit ohne Maß!
O du Weisheit ohne Grund!
O Barmherzigkeit ohne Hinderung!
O Stärke ohne Gegensetzung!
O Krone aller Ehren!
Dich lobt der Geringste, den je du erschaffen.
I, 8

O Kaiser aller Ehren!
O Krone aller Fürsten!
O Weisheit aller Meister!
O Spender aller Gaben!
O Löser aller Ketten!
I, 12

Je weiter Gottes Lob gesungen wird,
umso größer bleibt der Seele Verlangen.
I, 22

Zu den 7 Tagzeiten

Mette:	Minneverzückt, in Süße beglückt!
Prim:	Minneverlangen, süßes Bangen!
Terz:	Minnelust, ein süßer Durst!
Sext:	Minnefühlen, ein süßes Kühlen!
Non:	Minnetod, eine süße Not!
Vesper:	Minnefließen, ein süßes Gießen!
Complet:	Minneruhen, süßes Freuen!

I, 30

Herr, du bist die Sonne aller Augen,
Herr, du bist die Wonne aller Ohren,
Herr, du bist die Stimme aller Worte,
Herr, du bist die Kraft aller Heiligkeit,
Herr, du bist die Lehre aller Weisheit,

Herr, du bist das Leben alles Lebenden,
Herr, du bist die Ordnung alles Seienden!
III, 2

Eia, lieber Herr, wodurch soll ich dich jetzt verherrlichen? Da sprachst du zu der Unwürdigsten, die du je erschaffen hast:
»Preise mich für meine treue Beschirmung!
Danke mir meine verschwenderische Gnade!
Begehre mein heiliges Wunder!
Bitte um ein gutes Ende!«
III, 12

Denn wenn ich unwürdiger Mensch
mit meinen Kräften Gott nicht loben kann,
sende ich alle Kreaturen zum Königshof hinan
und heiße sie Gott für mich preisen
mit all ihrer Weisheit,
mit all ihrer Minne,
mit all ihrer Schönheit,
mit all ihrer Sehnsucht,
wie sie unverletzt von Gott geschaffen waren,
und auch mit all ihren Stimmen,
wie sie nun singen.

Wenn ich dieses große Lob anseh,
dann ist mir nirgend weh.
I, 12

Die Seele, die mit den Schmerzen einer langen
Wartezeit geschmückt wird,
will so in allen Treuen stehen
und schaut in großer Weisheit alles an,

ihr kann in allen Dingen nichts entgehen,
sie gewinne denn je Gottes Lob daran.
V,4

O Minne, wie groß wird dein Licht in der Seele,
und wie feurig ist dein Schein,
und wie unbegreiflich ist dein Wunder,
und wie reichhaltig ist deine Weisheit,
und wie schnell ist deine Gnade,
und wie stark ist deine Fessel,
und wie vollkommen ist dein Wesen,
und wie sanft ist dein Fluß,
und wie groß ist dein Reichtum,
und wie treu ist dein Wirken,
und wie heilig ist deine Unterscheidungsgabe!
V,31

Frau Erkenntnis, alles, was ich von Gott habe,
wurde mir leihweise überlassen,
um sein Lob und seine Ehre zu erringen
und auch zu meinem eigenen Frommen.
Wenn ich es wiedergeben soll,
dann bedarf ich seiner Gnaden wohl.
VII,17

»Wohl mir, ich lobe dich auf allen Wegen,
Gott, für deine edle Güte,
daß du mich erwählt hast
zu deinem heiligen Dienst.«
V,22

»Herr, ich danke dir, da du mir mit deiner Minne allen irdischen Reichtum genommen hast, daß du mich jetzt mit fremdem Gute kleidest und speisest; denn alles, was mir in Anhänglichkeit und Lust im Herzen haftet, das muß mir nun fremd werden.

Herr, ich danke dir, da du mir die Macht meiner Augen genommen hast, daß du mir nun dienst mit fremden Augen.

Herr, ich danke dir, da du mir die Macht meiner Hände genommen hast, daß du mir nun dienst mit fremden Händen.

Herr, ich danke dir, da du mir die Macht meines Herzens genommen hast, daß du mir nun dienst mit fremden Herzen, ...

Herr, dein Lobpreis möge in meinem Herzen nie schweigen, in all meinem Tun und Lassen und Leiden! Amen.«
VII,64

5.
WEGE ZU GOTT

WEGE DER LEIDEN

»Wem seine Sünde leid ist, dem vergebe ich sie. Wer sie aber mit Schmerzen bereut, dem gebe ich meine Gnade. Wer sie aber so heftig bereut, daß er sein Leben gäbe, eh daß er sie nochmals täte, und in dieser Festigkeit verharrt, der wird nach diesem Leben für die Schuld zu keiner Strafe mehr verurteilt, er begehe denn große tägliche Sünde, ohne sie zu sühnen.«
IV,6

Es gibt dreierlei Reue ...

Die *erste* ist die Reue der Schuld. Sie hat drei Zeichen an sich:
Bitterkeit im Herzen, aus dem die Sünde geflossen ist, Scham in den Sinnen, die die Sünde genossen haben; ein deutliches Spiegelbild des Lebens, worin sich der Mensch versündigt hat.
Diese Reue versöhnt den himmlischen Vater mit der sündigen Seele und erlöst sie von der ewigen Höllenstrafe.

Die *zweite* ist die Reue der Buße. Sie trägt auch drei Zeichen an sich:
Fleißiges Sich-Abmühen, stetes Versprechen und lauteren Sieg über alle Versuchungen.
Diese Reue erlöst den Sünder von jedem Fegefeuer.

Die *dritte* ist die Reue der Liebe, weil sie nur um Gotteswillen geschieht. ... Wenn die Seele in dieser Gesinnung lebt, liebt sie Gott mehr als sich selbst, und die Sünde ist ihr größtes Leid.
V,1

Ich danke Gott für alle Güte und beweine mich selbst und alle meine Schlechtigkeit während meines ganzen Lebens, denn Gott straft nicht ohne Grund.
V,2

Mich reuen alle guten Werke, die ich aus Liebe zu meinem Fleisch ohne wahre Not versäumt habe.
VI,6

Die Minne macht Leiden süß, mehr als man es sagen kann, und wollen wir Gott ähnlich werden, dann müssen wir in manchem Streit siegen.
VII,55

Vide mea sponsa (Hl 1,15; 4,1):
Sieh, wie schön meine Augen sind,
wie hold mein Mund ist,
wie brennend mein Herz ist,
wie flink meine Hände
und wie schnell meine Füße sind.
Komm und folge mir!
Du sollst gemartert werden mit mir,
verraten werden in Mißgunst,
heimgesucht in Falschheit,
gefangengenommen im Haß,
gefesselt in übler Nachrede,
die Augen werden dir verbunden,
da man dir die Wahrheit nicht eröffnet.

Geschlagen wirst du durch die Wut der Welt,
vor Gericht gezogen in der Beichte,
geohrfeigt mit der Buße,
zu Herodes gesandt durch den Spott,
entkleidet durch Verlassenheit,
gegeißelt durch Armut,
gekrönt mit Versuchung,
angespien durch Schmach.
Dein Kreuz sollst du tragen im Haß der Sünden,
gekreuzigt im Verzicht aller Dinge nach deinem eigenen Willen,
an das Kreuz genagelt mit den heiligen Tugenden,
verwundet durch die Liebe,
den Kreuzestod sterben in heiliger Standhaftigkeit,
dein Herz wird durchbohrt durch stete Vereinigung (mit Gott).
Vom Kreuz wirst du gelöst im wahren Sieg über deine Feinde.
Begraben wirst du in der Nichtbeachtung,
auferstehen vom Tode in einem heiligen Ende,
zum Himmel auffahren in einem Atemzuge Gottes.
I,29

Du mußt auch das erleiden,
daß die dich beneiden,
die mit dir in die Weinkammer gehen.
III,3

Der Hammer der starken Minnegelübde nagelt ans Kreuz sie an,
daß die ganze Schöpfung sie nicht mehr zurückrufen kann.
III,10

Die Seele hängt ... am Kreuz der hohen Minne, hoch im süßen Hauche des Heiligen Geistes ..., so daß sie an allen irdischen Dingen verdorrt. Sie fließt dabei nicht mit Tränen, sondern brennt im großen Himmelsfeuer, bis sie ganz verbrannt ist in der Heiligen Dreifaltigkeit.

IV, 16

Wie er seinen allerliebsten Sohn vom Himmel
niederwarf
auf die Straße, in die fremde Krippe,
so reißt unser Herr noch immer seine auserwählten
Freunde aus allem irdischen Trost,
damit sie nach dem himmlischen Troste hungern.

VI, 4

Das ist ein seltsamer Weg
und ein edler Weg
und ein heiliger Weg,
den Gott selber ging:
daß ein Mensch Pein leidet ohne Sünde und Schuld.

I, 25

Du sollst das Wasser der Pein trinken
und die Liebesglut am Holze der Tugenden
entzünden.

I, 35

Ich wurde verachtet gar sehr. Da sprach unser Herr: »Wundere dich nicht allzuviel, seit das erhabene Duftgefäß (= Jesus Christus) so arg verworfen und angespien wurde, wie soll es da dem Essigfaß ergehen, das nichts Eigenguts in sich selber hat?

I, 31

Wenn man dir Ehren bietet, sollst du dich schämen, wenn man dich peinigt, sollst du dich freuen,
wenn man dir Gutes tut, sollst du dich fürchten,
wenn du wider mich handelst, sollst du dich von Herzen betrüben.
Kannst du dich nicht betrüben,
so bedenke, wie heftig und lange
ich um deinetwillen Schmerzen erlitt.
I, 32

Die wie gute Menschen scheinen, steinigen mich vom Rücken her und fliehen dann und wollen nicht, daß ich wisse, es sei mir von ihnen geschehen. Gott hat es doch gesehen.
II, 24

Nun ist die Zeit gekommen,
da etliche Leute, die geistlich scheinen,
Gottes Kinder peinigen am Leibe
und martern im Geiste.
Denn Gott will, daß sie seinem lieben Sohne gleichen,
der an Leib und Seele gepeinigt ward.
I, 25

Gott gab ihm (Daniel) mitten unter seinen Feinden die Speise für Leib und Seele. In gleicher Weise ist es mir Unwürdigen in meinen Nöten geschehen. Das haben meine Feinde ein wenig gesehen und können es nicht leiden; darum verschaffen sie mir viele Pein.
III, 20

Deine Feinde fallen oft auf dich
wie der Reif der Hölle auf die Himmelsblume.
V,19

Solange der Mensch noch sündigt, sind ihm Leiden und Tugenden noch unentbehrlich.
V,2

Niemand ist so schnell in seinem Laufe,
niemand ist so stark in seinem Werke,
niemand ist so hinterhältig mit seinem Pfeile,
niemand ist so schlimm in seinem Zorne,
daß er meinen Himmel, in dem ich wohne, zerstören,
zerbrechen oder schädigen könne.
VI,38

Denn die Lust dieser Welt hat uns von Gott getrennt,
darum müssen wir mit Leiden zurückkehren.
VI,20

Wer seine Hinderung im Leiden beklagt,
der ist in der Erkenntnis blind
oder in der Geduld verzagt.
Er ist auch in der Minne erkaltet
und an Tugenden veraltet;
oder an den Sinnen dumm
oder auch an guten Worten stumm.
VI,14

O weh, leider muß ich mein Alter sehr schelten, denn es ist aller leuchtenden Werke bar und ist leider kalt an Gnaden. Es ist auch ohnmächtig, da es die Jugend nicht hat, mit der es die brennende Gottesminne tra-

gen kann. Es ist ferner unleidig, da ihm kleine Schmerzen sehr weh tun, auf die die Jugend nicht achtet. Doch ist das gute Alter mit Freuden geduldig und vertraut auf Gott allein.
VII, 3

Wie sehr man dich auch verachtet und dir Leid antut, sieh, daß du dennoch lauter in Gott verbleibst.
VII, 17

WEGE DER MINNE

O Herr, das ist unbegreiflich viel,
daß die sei deiner Minne Gespiel,
die nicht Minne in sich selber hegt,
sie werde denn von dir bewegt.
I, 44

Die Braut hat *fünf Königreiche*. Das erste sind die Augen; sie sind geschaffen mit der Kraft zu weinen und geziert mit der Beherrschung. Das zweite sind die Gedanken; sie sind geschaffen mit der Kraft zum Ringen und geziert mit dem Rat. Das Dritte ist das Sprechen; es ist geschaffen zum Nutzen und geziert mit der Treue. Das vierte ist das Hören; es ist geschaffen für Gottes Wort und ist geziert mit dem Trost. Das fünfte ist die Sinneskraft; sie ist geschaffen mit der Stärke und geziert mit der edlen Gewohnheit ...

Die Braut hat *vier Jungfrauen:* Die Minne leitet die Braut; sie ist gekleidet mit der Keuschheit und gekrönt mit der Würde. Die zweite (Jungfrau) ist die Demut, diese hält die Braut; sie ist gekleidet mit

Niedrigkeit und gekrönt mit der Erhöhung. Die dritte Jungfrau ist die Reue; sie ist gekleidet mit kleinen Weintrauben und gekrönt mit der Freude. Die vierte Jungfrau ist die Barmherzigkeit; sie ist gekleidet mit der Salbe und ist gekrönt mit der Wonne. Diese zwei letzten tragen der Braut den Mantel, das ist ihr heiliger Ruf.

I,46

»Mit unser beider Minne sollst du erhöht werden. Mit meinem lustvollen Wunder sollst du geheiligt werden.«

I,36

Die wahre Gottesliebe hat sieben Zugänge (Formen):

Die fröhliche Liebe geht den Weg voran,
die fürchtende Liebe nimmt Mühsal an,
die starke Liebe kann viel tun,
die liebende Liebe nimmt keinen Ruhm,
die weise Liebe hat Erkenntnis,
die freie Liebe lebt ohne Herzeleid,
die mächtige Liebe lebt immer in Seligkeit.

II,11

Die herrliche Minne, von großer Gewalt,
verjüngt die Seele, wird der Leib auch alt.

Die liebreiche Minne von offener Gabe
vertilgt des bitteren Herzens Klage.

Die gewaltige Minne aus reicher Kost
erfährt in Gott die süßeste Lust.

Die verborgene Minne birgt kostbaren Schatz
des guten Willens in heiliger Tat.

Die klare Minne von spielender Flut
bereitet der Seele süße Not,
sie tötet auch ohne Tod.

Die plötzlich entfachte Minne aus Übermacht
ist jene, die niemand zu deuten vermag.
III, 13

Die wahre lautere Gottesliebe hat vier Dinge,
die nimmer aufhören:
Das erste ist die wachsende Sehnsucht,
das zweite der fließende Schmerz,
das dritte die brennende Empfindung der Seele
und des Leibes,
das vierte: immerwährende Vereinigung,
gefesselt durch sorgfältige Wachsamkeit.
IV, 15

Die Seele spricht zur Minne:
»O, ich unseliger lahmer Hund,
ich hinke auch mir dir.
Bedenke, wie ich das mein:
Der reinen Jungfrauen Schar ist klein.«
IV, 1

Die große Minne enthüllt so ihre Natur:
Sie fließt nicht in Tränen, sondern sie brennt im
großen Himmelsfeuer;
darin fließt sie am allerschnellsten
und steht doch in sich am allerstillsten
und steigt Gott am allernächsten

und bleibt in sich selbst die Allergeringste.
Sie begreift das meiste und behält das wenigste.

O allerseligste Minne, wo sind die, die dich [zutiefst] erkennen?
Sie sind gänzlich verbrannt in der Heiligen Dreifaltigkeit
und wohnen nicht mehr in sich selber.
Die Seligen können nicht mehr in Hauptsünden fallen.

Warum?

Sie sind von Gott so sehr durchflossen und umfangen:
Je öfter sie sich in Versuchungen erproben,
je gekräftigter werden sie wiedergeboren.

Warum?

Je länger sie hier im Kampfe sind und minnen,
um so edler erscheint ihnen Gott,
und um so geringer und unseliger erscheinen sie sich selbst.

Warum?

Je heiliger die Minne, um so größer die Angst, und je häufiger der Trost, um so beständiger die Furcht. Aber die liebende Seele kann nicht mit Schrecken fürchten, sondern sie fürchtet in edler Weise.

IV, 16

Alle, die innerlich sehr minnen,
werden äußerlich stillgelegt.
Denn alle äußere Tätigkeit
hindert den inneren Geist.

VII, 34

Darum sprach unser Herr: »Wer den Adel meiner Freiheit kennt und liebt, der kann es nicht ertragen, daß er mich einzig um meinetwillen liebt, sondern er muß mich (auch) in den Kreaturen lieben. So bleibe ich seiner Seele der Nächste.«

VI, 4

Die Liebe macht Leiden süß, mehr als man es sagen kann, und wollen wir Gott ähnlich werden, dann müssen wir in manchem Streit siegen.

VII, 55

Die aufsteigende Sehnsucht
und die sich neigende Demut
und die fließende Minne,
diese drei bringen die Seele vor Gott.

VII, 34

WEGE DER TUGENDEN

Drei Dinge machen den Menschen würdig, den Weg der Vollkommenheit zu erkennen und zu beschreiten:

1. daß der Mensch sich selber fügt unter Gott
   ohne alle Überlegenheit ...
   im Verzicht auf alle Dinge
   aus eigenem freiem Willen.
2. daß ihm alle Dinge willkommen,
   nur die Sünde ausgenommen.
3. daß er alle Dinge in gleicher Weise Gott zu Ehren tut. Selbst meine geringsten Dienste will ich vor Gott so hoch ansehen, als ob ich in der höchsten Beschauung wäre, in die ein Mensch zu kommen vermag.

I, 27

Die Seele, die nach Gott dürstet, entbehrt freiwillig eitlen Ruhm:
gerne ungeehrt,
gerne ungefürchtet,
gerne allein,
gerne stille,
gerne niedrig,
gerne erhöht,
gerne vereint.
II, 12

Eine heilige Aufmerksamkeit sollen wir für uns selber haben
und zu allen Zeiten in uns tragen,
daß wir uns vor Gebresten bewahren.
Eine liebevolle Aufmerksamkeit sollen wir für andere Christen haben,
ihnen die Fehler wohlmeinend offenbaren.
So können wir uns manch unnütze Rede ersparen.
II, 26

Man soll auch den Kummer vor seinen Augen nicht klagen, denn er ist von Natur aus ein Feigling.
III, 1

Unser Herr sprach:
»Alle Tugenden sind für mich wertlos, die ohne Rat geschehen. Denn ich kam zur Erde nach dem Ratschluß Gottes und diente in großer Untertänigkeit meinem Vater und allen Menschen, und so fuhr ich auf in den Himmel in voller Freiheit.«
V, 4

Die vier Arten der Demut:

Die *erste* Demut zeigt sich außen an den Kleidern und an der Wohnung, daß die Kleider angemessen und geistlich geschnitten und genäht und doch rein sind.

Die *zweite* zeigt sich an den Sitten in der Gesellschaft, ob sie liebenswürdig sind in allen Umständen und in allen Dingen …

Die *dritte* Demut zeigt sich an den Sinnen, daß der Mensch alle Dinge in rechter Weise gebrauche und in geordneter Weise liebe.

Die *vierte* Demut wohnt in der Seele, das ist die sich erniedrigende Demut …

V, 4

Wer für jede Fähigkeit unfähig ist,
der muß ein demütiges Herz haben.

VII, 17

Nur wer sich mit Tugenden wehrt, bleibt unbeschwert, und wer fest in Gott steht, überwindet ruhmvoll alles Herzeleid.

V, 29

Solange wir noch im Zorne stürmen,
haben wir nichts Gutes an uns.

VII, 3

Wollen wir unseren Zorn und unsere ganze Unvollkommenheit durch Gott überwinden und vertreiben, dann müssen wir unsere sündhafte Versuchung im

Verborgenen unterdrücken und nach außen hin eine heilige, fröhliche Gelassenheit zeigen.
VII, 3

Unser Herr spricht:
»Mit gutem Willen und heiligem Verlangen kannst du ausgleichen, was du willst.«
VII, 6

Wenn der Mensch krank ist (spricht der Herr),
soll er mich ehren, mir dienen und mich minnen stets durch fröhliche Geduld.
Wenn er verachtet ist, soll er mich minnen und ausharren.
VI, 14

WEGE DER WAHRHEIT

Mechthild berichtet über eine Schau:
Die kleinste Wahrheit,
die ich dort
gesehen, gehört und erkannt,
gleicht nicht der höchsten Wahrheit,
die auf Erden je ward genannt.
III, 1

Sehr leicht ist es den einen,
bei den Menschen gut zu scheinen.
Wenn man die Wahrheit dabei nicht trifft,
besitzest du einer Schlange Gift.
V, 11

Diese sieben Dinge sollen wir üben:
gerecht im Leben,
barmherzig in der Not,
getreu in der Gemeinschaft,
hilfsbereit im Verborgenen,
in Not und Elend schweigen,
voll der Wahrheit sein,
der Lüge Feind sein.

Diese sieben Dingen sollen wir üben und vollbringen wider das (sündige) Auskosten und das Aufbegehren unseres armen Fleisches und wider die Lust und Schwäche menschlicher Sinne.

V, 22

ABWEGE

Die Weisheit ohne Festigung des Heiligen Geistes
wird zuletzt ein Berg des Hochmutes.

Der Friede ohne Band des Heiligen Geistes
wird sehr schnell eine leere Tollheit.

Demut ohne Feuer der Minne
endet zuletzt in offensichtlicher Falschheit.

Gerechtigkeit ohne Tiefe der Demut vor Gott
wandelt sich auf der Stelle in fürchterlichen Haß.

Armut mit beständiger Begehrlichkeit
ist in sich selber eine sündhafte Üppigkeit.

Grauenhafte Furcht aus wahrer Schuld
bringt entsetzliche Ungeduld.

Einem schönen Gehaben mit Wolfsnatur
kommen die Weisen gar schnell auf die Spur.

Heiliges Verlangen aus voller Wahrheit
wird keinem zuteil ohne Mühseligkeit.

Ein herrliches Leben, ohne zu kämpfen,
wird für nützliche Dinge sehr träge.

Vermessene Tugend ohne Gottes Gnaden
wird mit dem Hochmut niedergeschlagen.

Erhabene Gelübde ohne treue Tat
ist Falschheit und des Teufels Rat.

Große Zuversicht ohne wahre Sicherheit der Seele
und des Heiligen Geistes Fülle
führt die Seele zuletzt in unseligen Tod.

Große Geduld ohne Neigung des Herzens zu Gott
ist heimliche Schuld.
Denn alle, die in allen Dingen
nicht in Gottes Wahrheit hangen,
werden gewiß dem ewigen Gott
in großer Schande entfallen.

Minne, ohne die Mutter der Demut
und ohne den Vater der heiligen Furcht,
die ist von allen Tugenden verwaist.
III, 14

Untauglichkeit ist an uns eine sehr schädliche
Eigenschaft.
Schlechte Gewohnheit schadet uns auch an jedem
Ort.
Irdische Gier vertilgt in uns das heilige Gotteswort.
Häßlicher Hader aus Eigenwillen begeht an uns
manch unheilvollen Mord.

Feindschaft des Herzens vertreibt uns den Heiligen Geist. Zorniges Gemüt entreißt uns Gottes Vertraulichkeit.

Falsche Heiligkeit kann nimmer bestehen,
doch lautere Gottesliebe kann niemals vergehen.

Wollen wir diesen Feinden nicht entfliehen,
werden sie uns das Himmelreich entziehen.
Denn ein Vorhimmel ist uns beschieden,
wenn wir heilig leben hinieden.
III, 7

Falschheit zeigt sich in schönsten Gebärden,
Vollkommenheit ist verschmäht von den Höchsten auf Erden.
IV, 4

Die Lüge ist außen schön und inwendig häßlich gesponnen,
drum wird sie von ihren Genossen sehr liebevoll aufgenommen.
Die Wahrheit verstößt man durch Geringschätzigkeit,
die sie minnen, leiden mit Jesus manche Verächtlichkeit.
IV, 4

Der Reichtum vergänglicher Dinge ist ein untreuer Gast,
die heilige Armut fördert zu Gott eine kostbare Last.

Die Eitelkeit bedenkt nicht ihren Schaden,
die Stetigkeit ist mit allen Tugenden vollbeladen.

Die Dummheit findet an sich selber Behagen,
die Weisheit kann nie genug erfragen.

Der Zorn bringt die Seele in große Finsternis,
die heilige Sanftmut ist aller Gnaden gewiß.

Die Hoffart will stets die erste sein.
Die Demut kann anders nicht ruhen,
als allen Kreaturen zu Diensten zu sein.

Die eitle Ehre ist vor Gott taub und blind,
unverschuldete Schmach heiligt das Gotteskind.

Die Gier hat immer einen schreienden Mund,
das glückliche Maß hat stets einen süßen Grund.

Die Trägheit läßt reichen Gewinn außer acht,
heiliger Fleiß ist nicht auf sein Glück bedacht.

Die Untreue gibt immer falschen Rat.
vollkommene Treue versäumt nie gute Tat.

Wahre Geistlichkeit kann sich an niemandem
rächen,
das unruhige Herz will immer den Frieden
brechen.

Die heilige Andacht kann nichts Böses begehen,
der böse Wille mag niemandem unterstehen.

Die Bosheit hat von Natur einen häßlichen Grund,
die göttliche Gnade ein liebes Gesicht und einen
süßen Mund.

Die versteckte Grausamkeit hat einen glatten
Mund,
die offene Freundlichkeit birgt den Gottesfund.

Die falsche Aufmerksamkeit wohnt sehr nahe dem
Haß,
die heilige Barmherzigkeit will allein sein mit Gott.

Der Haß wütet ohne Unterlaß, immerdar,
die Minne brennt ohne Schmerzen, ist aller Leiden
bar.

Die böse Mißgunst haßt Gottes Freigebigkeit,
das reine Herz freut sich liebevoll aller Seligkeit.

Die Nachrede schämt sich vor Menschen, vor Gott
fühlt sie sich nicht gestört,
der doch alle Dinge sieht und hört.

Die Verzweiflung ist ein furchtbarer Fall,
wahre Hoffnung erhält ihre Güter all.

Der falsche Trost wird niemals froh,
die wahre Schuld betrübt ihn so.

IV,4

Die reine Einfalt, die Gott einigen Menschen verleiht, wird mitunter von manchen verspottet, daß er die Gabe verliert, in der man Gottes Weisheit findet und erkennt. Dann verlöscht auch die brennende Gottesminne.

V,24

Geistliche Menschen hindert es an der rechten Vollkommenheit am allermeisten, wenn sie die kleinen Sünden so wenig beachten.

V,33

Aber alles, was man vertut und ohne Nutzen und Notwendigkeit arbeitet, ist alles vor Gott tot.

VI,1

Unser Herr sprach:
»Gewiß, sie sagen schöne Ausreden.
Nur darum wollen sie irdische Dinge lieben
und viel an sich ziehen,
um mir desto besser dienen zu können.
Aber sie dienen sich selber mehr als mir.
Wer etwas zu eigenem Behagen oder Frommen
tut,
gehört sich selbst.«
VI, 4

Die erkennen wollen und wenig minnen,
bleiben stets in einem Beginnen eines guten Lebens
stehen.
VII, 43

Der große Überfluß göttlicher Minne, der nie stillsteht und immerdar ohne Unterlaß fließt, ohne irgendwelche Anstrengung immer unverdrossen in so süßem Strom, daß unser kleines Gefäß voll und überfließend wird – würden wir es nicht mit unserem Eigenwillen verstopfen, so würde unser Gefäß immer von Gottes Gabe überfließen.
VII, 55

Eia, Herr, wer wird mir helfen, alle meine Wege so zu wandeln, daß, wenn ich gleite, ich nicht falle? Die Furcht wird mich halten, Gottes Wille wird mich führen.
VI, 38

Lieber Freund, sei einträchtig mit Gott und freue dich über seinen Willen.
VI, 42

Die allergrößte Freude im Himmel ist der Wille Gottes. Wenn Unwille Wille wird, kommt göttliche Freude in das Herz des betrübten Menschen.
VI, 42

Es ist besser, daß der Mensch nach Gottes Willen ungetröstet ist, als daß er nach seinem eigenen Willen getröstet werde.
Denn Gottes Wille ist lauter, unser Wille aber mit dem Fleischlichen vermengt.
VII, 34

Herr, ich lebte so manches Jahr und manchen Tag,
aber nie war es, daß ich dir ein so schweres Opfer gab.
Dein Wille geschehe, und nicht meiner;
denn ich gehöre selber nicht mir,
sondern in allen Dingen nur dir.
VII, 63

6.
ENGEL UND TEUFEL

ENGEL ALS LICHTERSCHEINUNGEN

Gott ist brennendes Feuer, der in sich das ewige Leben hält. Die Funken des Feuers, die ausgeflogen sind, sind die Engel.
VI, 29

Der Engel Widerschein ist feurig, minneklar, denn sie haben große Liebe zu unserer Seligkeit.
VI, 41

Auch der Engel ist in bestimmtem Maß nach der Heiligen Dreifaltigkeit gebildet, doch ist er ein reiner Geist.
IV, 14

Die Engel, die uns in der Taufe gegeben,
können nicht unsere brennende Minne pflegen.
Denn Gott hat ihnen nicht die Glut gegeben,
sondern sie sind uns dazu gegeben,
daß sie unsere Tugenden pflegen.
V, 1

»Ich werde dir diesen Engel nehmen
und werde dir zwei dafür geben,
die sollen dich in diesen Wundern pflegen.«
IV, 2

Der eine Engel war ein Seraph, ein Minne-Entzünder, und ist für die erwählten Seelen ein heiliges Licht. Der andere Engel war ein Cherub; er ist ein Bewahrer der Gnaden und ordnet die Weisheit in der liebenden Seele.
IV, 2

Das gegenseitige Anstrahlen Gottes und der liebenden Seele, das von ihnen beiden weithin so wonnevoll leuchtet, hat so große Kraft und so offenbaren Schein vor all denen, die im Himmel, im Fegfeuer und in der Hölle sind, daß die höchsten Engel, die Cherubim und Seraphim, der minnenden Seele vertraut sein müssen. Sie steigen flammend im selben Schein und in unsäglicher Liebe zu der minnenden feurigen Seele hernieder.
V, 1

ENGEL ALS GÖTTLICHE KRÄFTE

Die wahre Gottesminne hat die gleiche Kraft an den Engeln, die sie an den Menschen hat.
VI, 41

Wer sich recht der Anziehung Gottes überließe und dem Lichte, das er erkennt, der käme in so große Wonne und in so heilige Erkenntnisse, daß kein Herz sie aushalten könnte. Er wäre dann wie ein Engel, immerdar liebend mit Gott in allen Dingen vereint, und er wäre dann die Hölle des Teufels und Gottes Himmelreich.
V, 29

In dem ersten Chore (der Engel) ist die Seligkeit
das Höchste, was sie haben
unter allen Gnadenkräften.
In dem zweiten Chore die Sanftmütigkeit,
in dem dritten Chore die Lieblichkeit,
in dem vierten Chore die Süßigkeit,
in dem fünften Chore die Fröhlichkeit,
in dem sechsten Chore die edle Hingabe,
in dem siebten Chore der Reichtum,
in dem achten Chore die Würde,
in dem neunten Chore das Minnebrennen,
in der seligen Abgeschiedenheit ist die reine
Heiligkeit.

III, 1

Heiliger Engel Gabriel, wende dich zu mir!
Meiner Sehnsucht Botschaft vertrau ich dir.
Sag meinen lieben Herrn Jesus Christ,
wie liebeskrank meine Seele ist.
Soll ich nicht vollends zugrunde gehn,
soll er selbst als Arzt mir beistehn.
Du kannst es ihm getreulich sagen,
die Wunden, die er mir geschlagen,
kann ich länger nicht ertragen
ohne Salben, unverbunden.
Denn zum Tode führen seine Wunden.
Läßt er mich so weiterleben,
kann ich nie mehr mich erheben.
Wenn alle Berge Wundsalbe wären
und alle Wasser gesunder Trank,
Blumen und Bäume ein heilendes Wundenband,
sie könnten mir keine Heilung gewähren,
er muß sich selbst in meine Wunden legen.

Heiliger Erzengel Gabriel, wende dich zu mir!
Diese Liebesbotschaft empfehle ich dir.
VII, 58

Ich habe die Wahrheit im Geiste wohl vernommen:
Meine Botschaft ist zu Gott gekommen …
VII, 59

In einer Vision sah Mechthild, daß vier große Erzengel Maria Magdalena führten:
Da fragte ich, wie die vier Fürsten heißen. Sie sprach: »Der erste heißt Stärke, der zweite Verlangen, der dritte guter Wille, der vierte Beständigkeit. Denn mit diesen vier Tugend-Kräften habe ich all mein Herzeleid überwunden.«
VI, 9

DER TEUFEL IM HERRLICHEN ENGELSGEWANDE

Von des Teufels Bosheit wußte ich nichts. Die Armseligkeit der Welt kannte ich nicht. Geistlicher Leute Falschheit war mir auch fremd.
IV, 2

Dann ließ unser Herr zwei Teufel herkommen. Es waren große Meister, aus Luzifers Schule genommen, und sie waren (noch) selten herausgekommen.

Der eine Teufel ist ein Betrüger im herrlichen Engelsgewande. Oh, was der mir anfangs viele falsche Listen vorlegte!

Der zweite Teufel, der erschien, ist ein Friedensbrecher und ein Meister der heimlichen Unkeuschheit. Jedoch hat ihm Gott verboten, daß er selbst zu mir kommen darf. Er sendet mir aber verlogene Leute als (seine) Boten, die mir die guten Dinge verdrehen und mir von meiner Ehre nehmen, soviel sie mit Worten vermögen.
IV, 2

Ein Himmel ist, den hat der Teufel gemacht
mit seinen feinen falschen Listen.
Da kreisen die Gedanken innen
mit traurigen Sinnen.
Und die Seele liegt ganz stille,
denn sie empfindet nicht ihre natürliche Minne.

Da bleibt die Seele ungetröstet
und betrogen die einfältigen Sinne.
In diesem Himmel zeigt der Teufel sich,
einem leuchtenden Engel gleich,
ja, auch an den fünf Wunden Gott gleich.
Einfältige Seele, hüte dich!
II, 19

Leider hat der Teufel unter den geistlichen Menschen noch so viele Schenken, die des Giftes so voll sind, daß sie es nicht alleine trinken können, sie müssen es Gottes Kindern in boshafter Weise einschenken.
II, 24

Aber größer ist meine Gerechtigkeit
als aller Teufel Bosheit.
III, 22

Aber den großen feurigen Schein, der alles überstrahlend aus der Heiligen Dreifaltigkeit in die minnende Seele fließt, den fürchten die Teufel so sehr, daß sie sich nicht getrauen, durch diesen heiligen Strahl zu fahren. Darum müssen sie viel Schmach ertragen auf den Wegen, die ihnen Gott in den Lüften gegeben hat, da ihnen ein irdischer Mensch diese durch die Gotteseinigung unmöglich machen kann. Sie können überall dort ihren Weg ungehindert nehmen, wo ihnen die Bosheit entgegenkommt. Aber wenn sie eine minnende Seele in einem Leibe gewahren, dann müssen sie unter die Erde fahren.
V, 1

[Gott sprach zur Seele:]
»Du bist eine Grundfeste meines göttlichen
Fließens!
Du bist ein Ruhm jungfräulicher Beständigkeit!
Du bist eine Blume er erhabenen Wonne!
Du bist eine Vögtin der Teufel!«
V, 7

Als Kriterium für eine angeblich empfangene Gnade nennt Mechthild dies:
Bist du dann laut, so frag dich mit Bangen,
ob dich der Teufel eingesalbt hat.
IV, 15

Wer sich recht der Anziehung Gottes verließe
und dem Licht, das er kennt,
der käme in so große Wonne und in so heilige
Erkenntnisse,
daß kein Herz sie aushalten könnte ...

Wenn aber der gute Mensch sich der Anziehung
Gottes verschließt,
dann sendet Gott ihm den Teufel,
daß er ihn mit den allerschwersten Dingen
versuche,
damit Gott ihn wieder wecken kann.

V,29

STREITGESPRÄCHE MIT DEM TEUFEL

Die Seele fragt den Teufel, worüber er lache, was er suche und was er treibe. Er antwortete und sprach:

»Weil ich dich selbst nicht quälen kann, freue ich mich wenigstens darüber, daß ich so viele finde, die wie Engel scheinen, und die es gerne für mich tun, dich zu quälen.« »Ich bin geistlicher Leute Kämmerer, und ich suche an ihnen zweierlei Schwächen, die sie am raschesten von Gott trennen. Das erste ist die verborgene oder heimliche Unkeuschheit. Wo immer ein Mensch in einem heiligen Leben ohne rechte Notwendigkeit und in allen seinen fünf Sinnen die Annehmlichkeiten seines Fleisches sucht, da wird er unkeusch, das heißt stumpf und träge, und die wahre Gottesliebe erkaltet. Das zweite ist der verborgene Haß in offener Zwietracht.«

Denn dies ist ein Fundament großer Bosheit und der Verlust aller Heiligkeit.

IV,2

Der Teufel sprach: »Ich will, wie ich es immer wollte, meinen Stuhl jetzt neben den Seinen setzen. Ja, ich wollte ihn von dem Throne deiner Seele vertreiben, wenn ich könnte, und mich selbst darauf setzen und möchte gern, daß Himmel, Paradies, Fegfeuer und Erde alles eine Hölle in der ewigen Hölle wären.«

Da sprach ich: »Wolltest du nicht, daß alle diese Dinge ein Himmel wären, damit du auch zu Gnaden kämest?«

Da sprach er: »Nein, das kann ich nie wollen.« »Ich bin frech wie eine Fliege und falle immer über alles her. Ich schone niemand.«
V, 29

Der Teufel fuhr fort und verwandelte sich und erschien wieder als ein ganz armer, kranker Mann, dem seine Gedärme ausfielen, und sprach:

»Eia, bist du so heilig, mach mich gesund!«

Da sprach die Seele:
»Wer selber krank ist, kann niemand heilen.«

Teufel: »Es steht geschrieben, wer mehr vermag, soll dem anderen helfen.«
Seele: »Es steht auch geschrieben, man soll niemandem wider Gott helfen.«
Teufel: »Was man Gutes tut, das ist nicht wider Gott.«
Seele: »An dem nichts Gutes ist, kann auch niemand etwas Gutes hinzufügen. Du hast eine ewige Krankheit.«
II, 24

In meiner Gesellschaft ist eine gewisse geistliche Person, durch die ich wegen ihrer schlechten Sitten manche Not leide, weil mir dieser Mensch in keinen

Dingen folgen will. Ich klagte es Gott aus ganzem Herzen und wunderte mich sehr, woher dies wohl käme.

Da sprach unser Herr: »Sieh da die Ursache.«

Da sah ich, daß ihr ein besonderer Teufel anhing und sie von allen guten Dingen zurückzog.

Da sprach ich: »Wer hat dir diese Gewalt gegeben, daß du Gott an diesem Menschen so große Schmach bietest?«

Da sprach der Teufel: »Mir hat niemand die Gewalt gegeben als allein ihr Eigenwille.«

In diesen Worten erkannte ich, daß der Teufel alle geistlichen Menschen, die ihm ein Recht auf sich einräumen, indem sie lügenhaft leben, mit so verächtlichem Spott verfolgt, daß er vor Gott und allen Geschöpfen seine Unschuld dartut.

Da sprach ich: »Wer soll diesem armen Menschen dazu verhelfen, daß er von dir erlöst werde?«

Von Gott dazu gezwungen, sprach der Teufel: »Niemand kann ihr helfen als ihr eigener Wille. Denn Gott hat ihr Macht gegeben, ihren Sinn umzukehren. Wenn sie das tut, muß ich von ihr fliehen.«
VI, 7

Der Teufel flüsterte mir ein: »Mir träumte nachts, wie reich ich wäre und wieviel ich besäße.«

Er wollte, ich solle glauben, daß diese heilige Gotteseinigung mit der Seele nur ein Traum gewesen wäre.

Da sprach die Seele, die Hausfrau des Leibes, im Innern: »Du bist nicht wahrhaftig.«

Er sprach: »Ja, ich bleibe dennoch, solange Gott lebt.«

Da sprach die Seele: »Du bist doch gelehrt, sage mir, was soll ich tun?«

Der Teufel trieb es zu weit und sagte: »Du sollst dich freuen und solltest die große Sache mit hohem Sinn zur Schau tragen.«

Die Seele: »Ich bin leider noch nicht so klein, daß ich durch das Nadelöhr all meiner Feinde zur Himmelspforte meines ewigen Landes hinaufgreifen könnte.«

Der Teufel: »Du bist sehr hoch umzäunt.«

Die Seele: »In deinen Worten erkenne ich deine Falschheit, den Zweifel, die eitle Ehre und die Hoffart. Stünde um mich eine stählerne Mauer, und reichte diese bis zu den Wolken hinauf, wäre dennoch mein Herz vor meinen Feinden nie sicher und frei.«

Da hielt er an und zitterte vor mir.

VII, 7

Aus einer Höllenvision:

Ich habe gesehen eine Stadt,
ihr Name ist ewiger Haß.
Sie ist erbaut in den tiefsten Abgründen
aus vielen Steinen der Hauptsünden.
Die Hoffart war der erste Stein,
und Luzifer kann wohl Beweis dafür sein.
Ungehorsam, üble Geizigkeit,
Unmäßigkeit und Unkeuschheit,

das waren vier Steine gar schwer,
die brachte zuerst unser Vater Adam her.
Zorn, Falschheit und Mord,
diese drei Steine sind seit Kain dort.
Lüge, Verrat, Verzweiflung an Gott
und sich selber das Leben nehmen,
mit diesen vier Steinen mordete sich der unselige
Judas.
Die Sünde von Sodoma und Scheinheiligkeit
sind die tragenden Eckgesteine;
sie stützen den Bau alleine.
Die Stadt wurde erbaut seit vielen Jahren,
weh allen, die ihre Helfer waren.
Je mehr sie dorthin senden:
Sie werden, wenn sie selbst dort landen,
empfangen mit noch größeren Schanden.

III, 21

7.
SPRUCHWEISHEIT

ADLER UND EULE

Es war nie ein Hund so böse, daß er nicht mit Freuden kam, wenn ihn sein Herr mit einer weißen Semmel lockte.
II, 3

Je ärger der Hund, um so fester das Halsband.
III, 1

Der Fisch kann im Sand nicht lange treiben und dabei frisch bleiben.
III, 1

Unser Herr spricht:
»Wer nichts Gutes an sich hat, kommt niemals in mein Reich; und wer nicht satt werden kann an vergänglichen Dingen, der wird mit dem ewigen Hunger gesättigt.«
IV, 3

Der Reichtum vergänglicher Dinge ist ein untreuer Gast,
die heilige Armut fördert zu Gott eine kostbare Last.
IV, 4

Die Dummheit findet an sich selber Behagen,
die Weisheit kann nie genug erfragen.
IV, 4

Verschiedenes Wetter ist hier auf Erden unter der Sonne, ebenso sind verschiedene Wohnungen im Himmel.
IV, 12

Niemand weiß, was Trost oder Schmerz oder Sehnsucht ist, er werde denn selbst von diesen dreien ergriffen.
V, 8

Niemand weiß, wie stark er sei, wenn ihn die Bosheit der Welt noch nicht angegriffen hat.
VI, 40

Niemand weiß, wie fest er steht, wenn er noch nicht in die Versuchung des Leibes gestoßen wurde.
VI, 40

Wie gute Augen ein Mensch auch hat,
er kann über eine Meile Weges nicht
hinausschauen.
VI, 31

Daß der Adler so hoch fliegt, braucht er nicht der Eule zu verdanken.
VI, 2

Minne ohne Erkenntnis
dünkt die weise Seele Finsternis.
Erkennntnis ohne Genuß
dünkt sie eine Höllenpein.
Genuß ohne Tod
kann sie nie genug beklagen.
I, 21

Es wird gemessen mit gleichen Maßen:
Willst du Lieb haben, mußt du Lieb lassen.
II, 23

Die gebundene Minne …
ist maßvoll und ganz still …
und wirbt mit großem Verlangen
um den Willen ihres Herrn.
II, 24

Die freie Minne muß stets das Höchste am Menschen sein.
II, 26

Je größer die Liebe, je heiliger der Dulder.
II, 25

Minne, du hast die größte Gewalt von allen Tugenden immerdar.
III, 19

Die treue Minne erhebt zu Gott ein stetes Lob,
die sehnende Minne schafft reinen Herzen sehr viel süße Not.

Die suchende Minne gehört allein sich selber an,
die wissende Minne ist allen Geschöpfen gleich
zugetan.
Die tönende Minne ist noch gemengt mit
Traurigkeit,
die schweigende Minne genießt ohne Mühseligkeit.
O wie leise sie wirkt, daß der Leib es nicht weiß!
Die lautere Minne ist in Gott allein stille,
denn ihnen beiden ist ein einziger Wille.
Und keine Kreatur ist so edel, sie abzulenken.
Dies hat die Erkenntnis aus dem ewigen Buche
geschrieben.
III, 24

Die unedle Seele, die sehr auf vergängliche Dinge
bedacht,
und die vor der Minne noch nie erschrak,
in der Gott auch nie noch minniglich sprach,
o weh, leider! Der ist dies Leben tiefe Nacht.
III, 24

Aber werden wir ganz bitter und unverträglich,
wird uns das Minnespiel sehr unzugänglich.
IV, 19

Je mehr man sich hier mit irdischen Dingen sättigt,
desto mehr wird uns die himmlische Wonne
entzogen.
III, 1

Wo immer die Gottesgelehrsamkeit Weisheit und Minne vereint, da bringt die Erwählung Frucht.
V, 28

Das Höchste über allem, was je im Himmel ward, ist das Staunen.

III, 1

ALTERSSPRÜCHE

Wenn Gott uns Einsicht gibt,
dann sollen wir die Talente gebrauchen.

VI, 20

In Nöten gebraucht man von allen Dingen zu Recht, denn das Gut der Armen ist immer dürftig, darum ist es heilig, und da kann das Übermaß keine Finsternis in die Seele bringen.

VI, 4

Aber Wohlsein des Leibes und Trost der Sinne
muß man mit demütiger Furcht empfangen,
will man zur vollen Wahrheit gelangen.

VI, 19

Niemand weiß, wie gut er selber sei,
bevor ihm nicht ein gutes Ende wird.

VI, 40

Was immer der Mensch tut,
ist er dabei nicht wahrhaftig,
so traue ihm nicht.

VII, 3

O weh, lieber Herr! Was nutzt es, daß der Hund bellt, wenn der Wirt schläft?
Dann bricht der Dieb doch in sein Haus ein.

VII, 3

O weh, leider muß ich mein Alter sehr schelten, denn es ist aller leuchtenden Werke bar und ist leider kalt an Gnaden.
Es ist auch ohnmächtig, da es die Jugend nicht hat, mit der es die brennende Gottesminne tragen kann. Es ist ferner unleidig, da ihm kleine Schmerzen sehr weh tun, auf die die Jugend nicht achtet. Doch ist das gute Alter mit Freuden geduldig und vertraut auf Gott allein.
VII, 3

Der Fisch sieht im Wasser hangen
das rote Aas mit großem Verlangen,
mit dem man ihn will fangen,
die Angel aber sieht er nicht.
So auch die Welt nicht: Was sie zerbricht,
das Gift, ihren Schaden, erkennt sie nicht.
VII, 27

Die Anstifter des Krieges
sind häßlicher in sich selbst
und schrecklicher in ihren Werken.
VII, 28

Was immer Gottes Freunde ertragen,
Gott wird sie nie vergessen,
denn er ist ihnen Hilfe und Trost in aller Not.
VII, 28

Fürchte dich vor allen Sünden,
sei bereit zu allen Tugenden
und beharrlich in guten Dingen,
dann kannst du dein Leben
zu einem guten Ende bringen.
VII, 29

Wie wenig irdischen Besitz man auch hat,
der Mensch soll doch nicht mit seinem Herzen an ihm hängen.

VII, 48

Wenn der Vogel sich lange auf der Erde aufhält, verdirbt er seine Flügel, und die Federn werden schwer.

VII, 61

Gottes Gericht und seine Gerechtigkeit sind nicht das Gleiche.
Das Gericht erteilt die Strafe für ungesühnte Taten.
Die Gerechtigkeit ist ein heiliges Leben.

VII, 62

Wenn wir krank sind, tragen wir die Hochzeitskleider,
wenn wir gesund sind, tragen wir die Werktagskleider (des guten Menschen).

VII, 65

Der Gehorsam ist ein heiliges Band. Es bindet die Seele an Gott, den Leib an Jesus und die fünf Sinne an den Heiligen Geist.

VII, 65

Unsere Kindheit war töricht,
unsere Jugend ward angefochten,
wie wir hier gesiegt haben, das ist Gott offenbar.

VII, 3

8.

WERKE UND WIRKEN

MIT DEINEN WERKEN SOLLST DU GEKRÖNT WERDEN

Mit der Bosheit deiner Feinde sollst du geziert werden.
Mit den Tugenden deines Herzens sollst du geadelt werden.
Mit deinen guten Werken sollst du gekrönt werden.
I,36

Der gute Wille bringt alle Tugenden zum rechten Stand,
wenn auch der Leib die Kraft zu den Werken nicht fand.
V,22

Die alleredelste Freude der Sinne und der allerheiligste Friede des Herzens und der allerminniglichste Glanz der Werke kommen davon, daß der Mensch wahrhaft ist in all seinem Tun.
V,22

Wir müssen uns auch leider schämen in unseren Sinnen,
daß wir die edlen, vielfältigen Gottesgaben
so ungenützt und achtlos tragen.
Daß sie gar so wenig Früchte bringen:

zurück zum Ort, wo sie einstmals ausgeflossen,
das ist: zu Gottes Herzen.
V, 22

Unser geschwächtes Fleisch versäumt in seiner Unedelkeit sehr viel gottähnliches Handeln.
V, 22

Mich reuen alle guten Werke, die ich aus Liebe zu meinem Fleisch ohne wahre Not versäumt habe. Darüber sprach unser Herr: »Man kann keine Wohnung bauen, wenn man keinen Bauplatz hat. Ebenso kann man im Himmel keinen Lohn empfangen ohne die Tat guter Werke.«
VI, 6

Der bereite Wille, den der gute Mensch hat und nicht vollziehen kann zu guter Tat, gleicht edlen, schönen Blumen mit süßem Duft ohne Frucht.
VI, 19

Die Bedeutung der Werke schaut Mechthild visionär in der Krone der Ewigkeit:
Die Krone ward mit den geistlichen Augen der minnenden Seele in der ewigen Ewigkeit gesehen. Was ist das, die Ewigkeit? Es ist die ungeschaffene Weisheit der endelosen Gottheit, die weder Anfang noch Ende hat. Die Krone hat drei Bogen. Der erste Bogen waren die Patriarchen, der zweite die Propheten, der dritte die heilige Kirche. Doch sie werden ihre Würde, nach ihren Werken geordnet, besitzen.
VII, 1

Was nützen erhabene Worte ohne barmherzige Werke?
VI, 30

Gott lehrte mich dies, daß ich nie ein Werk so gut getan habe, als daß ich es nicht noch besser hätte tun können.
VII, 3

DIE MACHT DES GEBETES

Das Gebet hat große Macht,
das ein Mensch verrichtet mit seiner ganzen Kraft.
Es macht ein bitteres Herz süß,
ein trauriges Herz froh,
ein armes Herz reich,
ein törichtes Herz weise,
ein zaghaftes Herz kühn,
ein schwaches Herz stark,
ein blindes Herz sehend,
eine kalte Seele brennend.
Es zieht den großen Gott in ein kleines Herz,
es treibt die hungrige Seele hinauf zu dem Gott der Fülle.
V, 13

Das Gebet des reinen Herzens weckt doch zuweilen den toten Sünder.
VII, 3

Wenn der Mensch im christlichen Glauben betet, mit einem so demütigen Herzen, daß er keine Kreatur unter sich ertragen kann, und mit so abgeschiedener

Seele, daß ihm alle Dinge in seinem Gebete entweichen müssen außer Gott allein, dann ist er ein göttlicher Gott mit dem himmlischen Vater. Doch bedenke dann der Mensch aufs eifrigste, wie sehr erbärmlich er an sich selber ist; dann fürchtet er sich auch in der innigsten Umarmung vor sich selbst so sehr, daß ihm nichts (anderes) angelegen ist als Gottes Ehre allein.

Wenn aber der Mensch zum rechten Nutzen und aus wahrer Not sich müht mit derselben Liebe, mit der er gebetet hat, dann ist er ein menschlicher Gott mit Christus. Aber alles, was man vertut und ohne Nutzen und Notwendigkeit arbeitet, ist alles vor Gott tot.

Wenn der Mensch allein aus Gottes Liebe und nicht um irdisches Lob den Unwissenden belehrt, den Sünder bekehrt, den Betrübten tröstet und den Verzweifelten wieder zu Gott führt, dann ist er ein geistlicher Gott mit dem Heiligen Geist.

Eia, der überaus selige Mensch, der alle Dinge, die Gott lobenswert und dem Menschen zu tun möglich sind, in gleicher Liebe Gott zum Preis und in steter Aufmerksamkeit seines ganzen Herzens vollbringt: er ist eine ganze Person mit der Heiligen Dreifaltigkeit.

VI, 1

9.
DER HEILIGE GEIST

VERSTAND UND GNADE

Die Wurzel der Stetigkeit ist durch den Heiligen Geist zu allen Zeiten grün.
V, 19

Du müßtest auch den Heiligen Geist erkennen, der das Herz des Christen erleuchtet und in seiner Seele über alle Süßigkeit empfunden wird, und der die Sinne des Menschen besser als alle Meister lehrt.
VII, 47

Gott hat uns mit der wahren Weisheit dreierlei Gaben gegeben:

Die *erste* ist christliche Lehre, wie sie mir Gott in großer Herrlichkeit zeigte.

Die *zweite* Weisheit entspringt natürlichen Sinnen.
Damit kann man beides: verlieren und gewinnen.
In dieser Weisheit leben viele abtrünnige Laien,
falsche Priester und schlimme geistliche Leute.
Nie wird einem Menschen seine Heiligkeit nützen,
um sich vor diesen dreien gänzlich zu schützen.
Niemand wird geistlich durch natürliche Gaben,
er sein denn ein Tor aus Gottesliebe.

Die *dritte* Weisheit ist von Gnaden
und zeigt sich an allen Gottesgaben.
Doch würde sie noch so reich,
nie wagt sie mit dem geringsten Geschöpf einen Vergleich.

IV,3

Du mußt vor allem bereitwillige Sinnesart haben, dann erlangst du ein gutwilliges Herz und eine offene Seele, in die die Gnade einfließen kann.

V,11

Sie sagen, Herr, es sei Weisheit,
daß man den Leib (bei Kräften) erhält:
Wenn dein göttlicher Atem aus der Heiligen Dreifaltigkeit weht
und sich wonniglich herniederschwingt
und die Seele so kräftig durchdringt,
daß der Leib seine Macht verliert ganz und gar,
dann sei der Mensch unfruchtbar!

Da sagte unser Herr: »Des Königs Speise würde vergeblich aufgetischt, wenn man nicht vorher von den irdischen, lebensnotwendigen Dingen recht gegessen hätte. Meine besondere Gnade bringt den Menschen besondere Würde an Seele und an Leib.« Ja, die Gnade, die Gott dem Menschen mit (seiner) Gewalt plötzlich zu geben pflegt, ist in sich selbst so edel und entspringt so großer Freundschaft Gottes, daß der Mensch nicht die kleinste Sünde begeht, die ihn um vergänglicher Dinge willen von ihm (Gott) entfernt. O weh, unedle Seele, wie kannst du das ertragen, daß du Gottes Gnade von dir weisest, bevor du sie recht nach seinem Willen genützt hast, wenn Gottes höchste Lust in dir verborgen ist. Willst du wissen, wie du die heilige Gottesgnade nach Gottes Willen nützen und verzehren sollst?

Ja, ist sie dir willkommen,
wird sie es dich selber lehren.
Mit äußeren Tugenden
und innerem Verlangen
sollst du sie empfangen.
In demütiger Furcht sollst du sie behalten,
untertan in allen Nöten.
Gib ihr Zeit und Raum in dir,
sie erbittet andres nichts von dir.
Sie wird dich so tief in Gott einschmelzen,
daß du seinen Willen erkennst,
wie lange du folgen sollst
seiner überwältigenden Liebe an dir selbst,
und zu welcher Zeit und wie du arbeiten sollst
für die Sünder und die Seelen, die im Fegfeuer sind,
und beachten eines jeden Menschen Not,
er sei lebendig oder tot.

VI, 13

Die Gnade, die in diesem Buch beschrieben ist,
gab mir [der Herr] auf dreifache Weise:
Zuerst in großer Zartheit,
dann in inniger Vertraulichkeit,
jetzt mit schweren Leiden;
In ihnen will ich mit Freuden verbleiben.
Lieber als in den anderen beiden.

Der einzige Grund dafür ist: Wenngleich die Zartheit und Vertraulichkeit Gottes ewig und in sich selbst edel sind, so sind sie doch in dieser Welt leider etwas so Fremdes, daß alle,
die sie wahrhaftig erkennen,
sie nicht wagen zu nennen.

Und darum fürchte ich mich auch am meisten in geistlichen Freuden, weil Christus in dieser Welt manch bittere Not mußt' erleiden. Es ist die Natur der Minne, daß sie zuallererst in Süße fließt; dann wird sie reich in der Erkenntnis und zum dritten verlangend und gierig nach dem Verstoßensein.

VI, 20

Man kann göttliche Gnade mit menschlichen Sinnen nicht begreifen. Darum versündigen sich die Menschen, die nicht den offenen Geist für die unsichtbare Wahrheit haben. Was man mit fleischlichen Augen sehen, mit fleischlichen Ohren hören, mit fleischlichem Mund sprechen kann, das ist der offenen Wahrheit der minnenden Seele so ungleich wie das Wachslicht der klaren Sonne.

VI, 36

O weh, das tut mancher Mann nicht, der hervorragt durch Bildung und kluge natürliche Sinne,
daß er sich je zu legen wagt
in die Gewalt der nackten Minne.

II, 23

Gott spricht:
»Wenn ich je außerordentliche Gnaden gab,
suchte ich immer den niedrigsten Ort,

die geringste, verborgenste Stätte.
Die höchsten Berge können sich nicht beladen
mit der Offenbarung meiner Gnaden,
denn die Flut meines Heiligen Geistes
fließt von Natur aus zu Tal.«
II, 26

Bist du weise von Verstand,
ficht dich Gier an wutentbrannt.
Bist du aber weise von Gnaden,
kann dich keine Bosheit verleiten noch verraten.
V, 11

Wie scharfe Verstandessinne ein Mensch auch hat, er kann übersinnliche Dinge nur mit dem Glauben verstehen, sonst tappt er wie ein Blinder in der Finsternis.
VI, 31

Es wundert mich in meinem menschlichen Verstand,
daß meine Seele so überaus wunderbar ist.
VI, 26

Wenn die Einfalt des Herzens
im Wissen des Verstandes wohnt,
kommt große Heiligkeit in des Menschen Seele.
VII, 43

Es ist kein Lamm so weiß und so rein, daß es nicht von der Wildheit der Wölfe bezwungen werden kann; (aber) meine Erwählung kann niemand zunichte machen.
IV, 6

Was der Geist innerlich singt, das geht über jede irdische Stimme.
VII,34

KRAFT UND SCHÖNHEIT DER KIRCHE

Auf dem Stein (Christus) stand die allerschönste Jungfrau (Kirche), die je gesehen ward außer unserer lieben Frau, Sankt Marien … Ihre Füße sind mit einem Edelstein geschmückt … Dieser Edelstein ist der christliche Glaube. Die Jungfrau stand auf zwei Füßen: Der eine ist das Binden, der andere ist das Lösen (aus) heiliger Gewalt …

Sie (die Jungfrau = Kirche) hat auch große Kraft in ihren Händen. Damit zieht sie alles an sich, was Gott erwählt, und wirft alles von sich, was sich dem Teufel ergeben hat. Eia, sie hat ein so schönes Antlitz. Ich kann es mit immer größerer Lust ansehen. Ihr fließt Öl aus der Kehle, das ist die Barmherzigkeit, Salbe der Sünde …

Ihre Augen strahlen ganz voller Wonne
wie das weiße, grüne Morgenrot
erglänzt vor der aufstrahlenden Sonne.
Und wie ihre Augen von Natur dreifaltig sind und doch eins,
so ist es auch mit der Heiligen Dreifaltigkeit.
Das Weiße bezeichnet den Vater,
das Grüne den Sohn,
die klare Sonne den Heiligen Geist.
Wenn sie sich von Herzen ansehen,
kann keine größere Freude geschehen.

Die Jungfrau (Kirche) trägt auf ihrem Haupte eine
Krone.
Sie ist gewirkt aus rotem Golde.
Das ist der vortreffliche Rat
und die heilige Tat,
die erwächst aus heiliger Lehrer Saat ...
Die Krone hat an ihrer Spitze drei Hörner,
in ihnen werden die Starken wohnen,
die sich der großen Liebe hingeben.
Sie müssen Schützer und Wächter sein,
sollen die Schwächsten erstarken.
IV,3

O geistlicher Name, wie bist du edel über alle irdischen Namen! Darum wollte dich Jesus Christus selbst in seinem ganzen Leben so getreulich tragen, daß alle hohen Namen wie: Könige, Grafen und alle Namen, die sonst noch edel genannt werden, vor diesem verblassen müssen. Allein der geistliche Name wird erhöht werden, sofern er hier adelig getragen wird. Ja, er wird wunderbar, einzigartig in Heiligkeit erhöht in der Bruderschaft Jesu und der Schwester Maria, die die allerersten waren, die je geistliche Namen trugen unter großer äußerer Verachtung und im Innern in überaus wahrer Heiligkeit.

Dies spricht sehr gegen die Leute, die sich hier äußerlich als geistliche Menschen mit so heiligem Benehmen und mit so großer Unterwürfigkeit schmücken und sich vor den Menschen mit schönen Worten behängen, daß man wirklich glauben könnte, in ihnen ströme des Heiligen Geistes Flut, der all dieses hervortreibt. Nein, es ist oft leider eine ganz große listige Versuchung, die der Mensch aus Eigenwillen zuläßt, wobei er ohne Anstrengung ein schönes Wort sagt, obwohl er in seinem Herzen nicht die volle Geburt des Heiligen Geistes empfindet. Dies offenbart sich daran, wenn er im Kreise seiner vertrauten Gefährten sich als grimmiger Bär oder brüllender Löwe aufführt, während er ein Lamm an Sanftmut und eine Taube an Tugenden sein sollte. Daher ist ihr Leben vor der Welt ein Betrug und vor Gott und ihren Vertrauten eine ganz verderbliche Lüge.

V, 11

NIEDERGANG DER KIRCHE

Als nun die heilige Kirche vor unsern Herrn trat, war sie gleich einer Jungfrau. Da sah ich sie an und merkte auch, daß unser Herr sie ansah. Da schämte ich mich gar sehr. Unser Herr sprach: »Siehe selbst, geziemt es mir wohl, diese Jungfrau in meinem ewigen Brautbett ohne Ende zu minnen und sie mit meinen kaiserlichen Armen an mich zu ziehen und sie mit meinen göttlichen Augen anzuschauen, da sie blind ist in ihrer Erkenntnis und lahm an ihren Händen, da sie kaum gute Werke tut? Sie hinkt auch an den Füßen ihres Verlangens, da sie selten und nachlässig meiner gedenkt. Sie hat auch eine schmutzige Haut, denn sie ist unrein und unkeusch.«

V, 34

O weh, Krone der heiligen Kirche,
wie sehr bist du verdunkelt!
Deine Edelsteine sind dir entfallen,
weil du ärgerst und schändest den heiligen
christlichen Glauben;

dein Gold ist verfault im Pfuhle der Unkeuschheit,
denn du bist verarmt und hast die wahre Liebe
nicht;
deine Keuschheit ist verbrannt im gierigen Feuer
des Fraßes,
deine Demut ist versunken im Sumpfe deines
Fleisches,
deine Wahrheit ist vernichtet in der Lüge der Welt,
deine Blumen der Tugenden sind dir abgefallen,
deine Früchte sind dir erstorben.
Weh dir, Krone des heiligen Priestertums!
Du hast nichts mehr als die Überreste deiner selbst,
das ist die geistliche Gewalt.
Mit ihr kämpfst du gegen Gott und seine
auserwählten Freunde.
Drum erniedrigt dich Gott, noch ehe du daran
denkst ...
Denn also spricht unser Herr:
»Meine Hirten von Jerusalem sind Mörder und
Wölfe geworden,
weil sie vor meinem Angesicht die weißen Lämmer
morden,
und die alten Schafe sind alle todkrank,
weil sie nicht von der gesunden Weide essen,
die da wächst an den hohen Bergen,
das sind göttliche Liebe und heilige Lehren.
Weiß jemand auf dem Höllenweg nicht Bescheid,
der besehe sich die verdorbene Geistlichkeit,
wie gerad ihre Lebenswege in die Hölle münden,
mit Frauen und Kindern und andern offenbaren
Sünden.
Drum ist es nötig, daß die letzten Brüder kommen;
denn ist der Mantel alt,
dann ist er auch kalt.

Drum muß ich meiner heiligen Braut, der heiligen Kirche,
einen neuen Mantel umlegen.«

VI, 21

HEILIGE ALS SCHNELLE BOTEN

Als (aber) das ganze Volk am rechten Glauben und an einer aufrichtigen Beichte irre wurde, erbarmte sich der himmlische Vater und gewann zwei Söhne *(Franziskus/Dominikus)* bei *einer* Geburt, nämlich von unserer lieben Mutter, der heiligen Kirche. Sie nährte diese zwei Söhne selbst an ihren beiden Brüsten, die so voll süßer Milch sind, daß sie nie und nimmer ausgetrunken werden können. Diese Brüste waren und sind das Alte und Neue Testament, mit denen unsere Mutter, die heilige Kirche, alle Gotteskinder nährt.

Unser Herr sprach auch dies: Man dürfte niemanden zum Priester weihen, wenn er sich nicht im Alten und Neuen Testament auskenne. Denn auf einem Bein kann niemand an den Hof gehen und auch nicht lange zu Diensten stehen.

V, 24

Bei dem Adel, der in der Heiligkeit liegt, und bei der Schwachheit, die den Menschen anhaftet, wundert es mich sehr, daß Sankt *Elisabeth* so schnell heiliggesprochen wurde, da sie so kurz unter der Erde lag. Das erklärte mir unser Herr und sprach: »Es ist gut für die Boten, daß sie schnell kommen. Elisabeth ist und war ein Bote, den ich zu den unfrommen Frauen, die in den Burgen saßen, gesandt habe. Sie waren von Unkeuschheit so verzehrt und vom Hochmut so überzogen und von Eitelkeit stets so eingenommen, daß sie von Rechts wegen in den Abgrund gekommen wären. Ihrem Vorbilde ist manche Frau gefolgt, so wie sie es konnte oder vermochte.

Den heiligen *Dominikus* sandte ich den Ungläubigen als Boten, den Törichten als Lehrer, den Betrübten als Tröster.

Ich sandte auch den heiligen *Franziskus* den begehrlichen Geistlichen und den hochmütigen Laien als Boten.

Aber Sankt *Peter der neue Martyr* (ein Dominikaner, ermordet 1252) ist ein Bote des Blutes, vor dem die falsche Christenheit so jämmerlich befangen ist. Sie sagen alle, sie seien rein, und doch sind sie vor meinen Augen falsch. Sie sagen, sie hätten mich lieb und haben doch ihr Fleisch viel lieber.«
V,34

Maria, liebe Mutter, ich stehe mit dir unter dem Kreuze mit meinem ganzen christlichen Glauben, und das Schwert des heiligen Schmerzes schneidet durch meine Seele, weil die, die geistliche scheinen, so überaus unbeständig sind.

Johannes Baptista, ich bin mit dir gefangen, weil die untreue Dirne der Falschheit Gottes Wort in meinem Munde ertötet hat.

Johannes Evangelista, ich bin mit dir in herzlicher Liebe auf den Brüsten Jesu Christi entschlafen. Und alsdann hab' ich so herrliche Wunder gesehen und vernommen, daß mein Leib häufig über sich hinaus gekommen ist (Anspielung auf Ekstase).

Petrus ich bin gekreuzigt mit dir, weil mir nie menschlich wohl wird, und ich habe oft geistliches Weh nach dem Lobe Jesu Christi.

Paulus, ich bin wunderbar entrückt mit dir und habe ein seliges Haus gesehen, und nichts erstaunte mich so, als daß ich seitdem noch ein lebendiger Mensch sein kann.

Stephan, ich knie neben dir vor den jüdischen Scharen unter den spitzen Steinen, denn sie fallen auf mich, groß und klein. Die wie gute Menschen scheinen, steinigen mich vom Rücken her und fliehen (dann) und wollen nicht, daß ich wisse, es sei mir von ihnen geschehen. Gott hat es doch gesehen.

Laurentius, ich lag mit dir mehr denn zwanzig Jahre auf einem greulichen Rost gebunden. Doch bewahrte mich Gott unversehrt und hat nun schon vor mehr als sieben Jahren das Feuer gelöscht.

Martin, ich wohne mit dir in der Vergessenheit, und die wahre Gottesliebe hat mich gemartert mehr als alle Beschwernisse.

Dominikus, mein lieber Vater, ich habe ein wenig Teil an dir, denn viele Tage begehrte ich, mein sündiges Herzblut solle fließen
unter der ungläubigen Ketzer Füßen.

Katharina, ich geh mit dir in den Streit, denn die Meister der Hölle wollen mich zu Fall bringen. So kam einer zu mir, herrlich wie ein Strahl der Sonne, damit ich denken sollte, er sei ein Engel, und er brachte ein Buch und sprach: »Nimm doch den heiligen Gegenstand, da du der Messe nicht beiwohnen kannst.« Da sprach die Seele mit innerer Weisheit: »Wer selber keinen Frieden hat, kann mir auch keinen Frieden geben.«

Maria Magdalena, ich wohne mit dir in der Wüste, weil mir alle Dinge fremd sind außer Gott allein.

II, 24

In der Allegorie vom Feuer, das Gott symbolisiert, erklärt Mechthild:

Der leuchtende Schein des Feuers sind alle Heiligen.
Denn ihr Leben hat der Kirche manchen schönen Glanz gegeben.

VI, 29

DER MAGDEBURGER KLERUS VON 1232–1282

Während Mechthilds Aufenthalt in Magdeburg wirkten dort folgende Erzbischöfe, Dompröpste und Dekane:

1232–1235 *Erzbischof Burchard I.*, der auf einer Pilgerreise nach Jerusalem starb. Dompropst war *Wilbrand v. Käfernburg*.

1235–1253 Der Dompropst *Wilbrand v. Käfernburg* wurde *Erzbischof* und verwickelte das Erzbistum in viele Kriege. In dieser Zeit war *Rudolf v. Dingelstedt Domdekan*.

1253–1260 Der Domdekan *Rudolf v. Dingelstedt* wurde *Erzbischof*, sein Nachfolger als *Dekan* wurde *Ruprecht v. Querfurt*. Er wurde ebenfalls von

1260–1266 sein Nachfolger als *Erzbischof* und nahm sich *Konrad v. Sternberg* zum Kanzler. *Dekan* wurde *Dietrich v. Dobin* (Domherr von 1228–1269, davon Canonicus bis 1244, 1245–1258 Cantor, und blieb es wahrscheinlich bis 1270/71 (urkundlich bis 1269). Dekan Dietrich wird von Mechthild in VI, 2.3 erwähnt. Wir erfahren hier, daß sich Dekan Dietrich an Mechthild um Rat wendet im Hinblick auf seine Entscheidung für die Übernahme seines neuen Amtes und seine beabsichtigte Reform des Domkapitels.

Unter *Ruprecht v. Querfurt* fand eine Provinzialsynode in Magdeburg statt. Auf dieser wurde ein bereits bestehendes Gebot unter Androhung der Exkommunikation erneuert, daß sich die Beginen auch seelsorgerlich dem Pfarrklerus zu unterstellen hätten. Hieraus ist auf harte Auseinandersetzungen zwischen Erzbischof und Weltgeistlichkeit einerseits und Dominikanern und Beginen andererseits zu schließen.

1266–1277 war der *Kanzler Konrad v. Sternberg* Nachfolger von *Erzbischof Ruprecht vonQuerfurt*. Seit 1271 Dekan Walterus.

1277–1282 In diesen Jahren hatten sich die *Erzbischöfe Günter I. von Schwalenberg* und *Bernhard von Wölpe* ständig gegen den Druck der brandenburgischen Markgrafen durchzusetzen.

Bernhard von Wölpe resignierte deshalb 1282, und Nachfolger wurde der *Markgraf Erich von Brandenburg*. Das Domkapitel hatte bei der Wahl des *Erzbischofs* dem Druck der Brandenburger Markgrafen nachgeben müssen.

Im Gegensatz zu dem oft ins weltliche ausartende Leben der Domherren und Stiftungsgeistlichen stand zu Mechthilds Zeiten die Lebensform der Bettelorden, in Magdeburg insbesondere der Dominikaner, Franziskaner, Zisterzienserinnen und der Beginengemeinschaften.

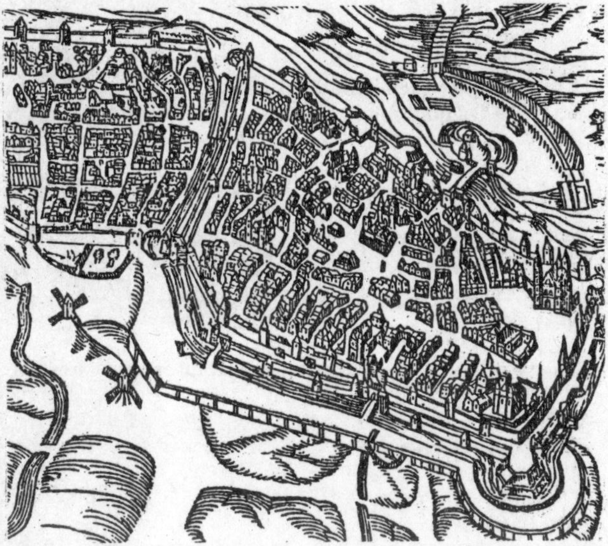

Ausschnitt aus einer der ältesten Magdeburger Stadtansichten, die in der »Cosmographie« oder »Beschreibung aller Länder« des Sebastian Münster im Jahre 1550 erschien. – So ähnlich könnte man sich Magdeburg auch schon zu Mechthilds Zeiten vorstellen. Stadtansichten gab es im 13. Jahrhundert noch nicht.

An Sakral- und Profanbauten sowie Denkmälern standen zur Zeit Mechthilds vor allem:
- das *Kloser Unserer Lieben Frau* (1064–1078)
- der *Dom* (Grundsteinlegung 1209, Weihe 1363 trotz fehlender Türme und des oberen Teiles der Westfassade aber bereits mit vielen Skulpturen). Zum Dom gehörte die 968 gegründete Domschule.

- *die St.-Sebastians-Kirche,* unter Erzbischof Gero (1012–1023) begonnen, eingeweiht 1169, abgebrannt 1188, wieder aufgebaut und beim großen Brand 1207 sicher auch in Mitleidenschaft gezogen;
- *die St.-Johannis-Kirche* am Alten Markt (nicht unbedingt identisch mit der alten Kaufmannskirche von 941);
- *die St.-Petri-Kirche* (12. Jahrhundert);
- *die Wallonerkirche* (um 1300), damals Kirche des Augustiner-Eremitenklosters;
- *St. Ulrich* (12. Jahrhundert);
- *Parochialkirche zum Heiligen Geist* (um 1250);
- *St. Katharinen* (1230);
- *St. Jacobi* (damals Neustadt, 1220 erstmals erwähnt);
- *Ambrosiuskirche* (11. Jahrhundert), nicht identisch mit der heutigen Ambrosiuskirche.

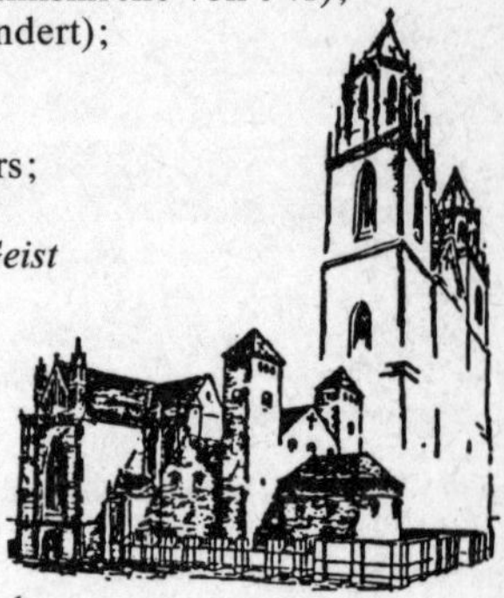

- *Paulanerkloster der Dominikaner am Breiten Weg.* Nordseite des heutigen Postgebäudes (um 1225 – heute Karl-Marx-Straße);
- *Franziskanerkloster* (ca 1225–1230) in der Großen Schulstraße/Breiter Weg;
- *Zisterzienserinnenkloster St. Agnes* (um 1240) und *St. Lorenz* (um 1209);
- *Büßerinnenkloster St. Maria Magdalena* (zwischen Petersberg und Magdalenenberg);
- *die Buttergasse* (12./13. Jahrhundert);
- *Gebäude der Gewerbeinnung* am Alten Markt und Rathaus (Ort der Bürgerversammlung);
- *freifigürliches Reiterstandbild* auf dem Alten Markt*.

* Einzelne historische Angaben über Magdeburg mit einschlägiger Literatur, vor allem die Zusammenstellung der zeitgenössischen Sakral- und Profanbauten Magdeburgs verdanke ich der freundlichen Mitteilung von Frau Hiltrud Bleier in Magdeburg.

LITERATURANGABEN

I. Ausgewählte Literatur

Quellen:

Mittelhochdeutscher Text:
Offenbarungen der Schwester Mechthild von Magdeburg oder das fließende Licht der Gottheit, hrsg. von P. Gall Morel, Regensburg 1869, Nachdruck Darmstadt ²1963.

Lateinischer Text:
Revelationes Gertrudianae ac Mechtildianae II. Sanctae Mechtildis virginis ordinis s. Benedicti Liber specialis gratiae, accedit sororis Mechtildis ... Lux Divinitatis, editum Solesmensium OSB monachorum cura et opera, Paris 1877, S. 435–643.
Vollständige Übersetzung: Mechthild von Magdeburg, »Das fließende Licht der Gottheit«, übersetzt und eingeführt von Margot Schmidt mit einer Studie von Hans Urs von Balthasar, Einsiedeln 1956.

Literatur

Margot Schmidt, Studien zum Leidproblem im Fließenden Licht der Gottheit der Mechthild von Magdeburg, Diss. Freiburg i. Br. 1952.
Hans Neumann, Problemata Mechtildiana, in: Zeitschr. f. dt. Altertum 82 (1948), S. 143–172.
Ders., Beiträge zur Textgeschichte des »Fließenden Lichts der Gottheit« und zur Lebensgeschichte Mechtilds von Magdeburg, Nachrichten der Akademie der Wissenschaften in Göttingen, I, 3: Philologisch-historische Klasse (1954), S. 27–80.
Ders., Mechthild von Magdeburg und die niederländische Frauenmystik, in: Mediaeval German Studies, London 1965, S. 231 –246.
Ders., Texte und Handschriften zur älteren deutschen Frauenmystik, in: Forschungen und Fortschritte 41 (1972 Berlin), S. 44–48.
Alois Haas, Mechthild von Magdeburg – Dichtung und Mystik, Amsterdamer Beiträge zur Älteren Germanistik 2 (1972), S. 105–156.
Margot Schmidt, Elemente der Schau bei Mechthild von Magdeburg und Mechthild von Hackeborn, in: Frauenmystik im Mittelalter, hrsg. von Peter Dinzelbach und Dieter R. Bauer, Ostfildern 1985, S. 123–151.
Dies., »die spilende minnevluot«. Der Eros als Sein und Wirkkraft in der Trinität bei Mechthild von Magdeburg, in: »Eine Höhe über die nichts

geht«. Spezielle Glaubenserfahrung in der Frauenmystik?, hrsg. von Margot Schmidt und Dieter R. Bauer, Stuttgart-Bad Cannstatt 1986, S. 71–133.
Dies., »minne dú gewaltige kellerin«. On the nature of ›minne‹ in Mechthild's »Fließendes Licht der Gottheit«, in: Vox benedictina 3 (1987, Saskatoon, Kanada), S. 100–125.
Dies., Das Ries als eines der Mystik-Zentren im Mittelalter, in: Rieser Kulturtage, Bd. VI, Nördlingen 1987 S. 472–493
Dies., »Frau Pein, ihr seid mein nächstes Kleid«. Zur Leidensmystik im ›Fließenden Licht der Gottheit‹ der Mechthild von Magdeburg, in: Die dunkle Nacht der Sinne, Leidenserfahrung in der Mystik, Stuttgart 1988.

Zur Forschungslage:
Margot Schmidt, Mechthild von Magdeburg, in: Dictionnaire de Spiritualité, t. 10, Paris 1978, Sp. 877–885.
Hans Neumann, Mechthild von Magdeburg, in: Die deutsche Literatur des Mittelalters, Verfasserlexikon, Bd. VI 1985², Sp. 260–270, hrsg. von Kurt Ruh u. a., Berlin–New York 1985 (Hier jeweils Literatur).

II. Ausgewählte historische Literatur

Geschichte der Stadt Magdeburg, nach den Quellen bearbeitet von Friedrich Wilhelm Hoffmann, Verlag Emil Jaensch Magdeburg, Band I, 1845, Band II, 1847.
Geschichte des königlichen Domgymnasiums zu Magdeburg (Festschrift zur Feier des 200jährigen Bestehens am 18.9.1875) von Dr. H. Holstein, Hofbuchdruckerei von C. Friese Magdeburg 1875.
Chronik der Stadt Magdeburg 1931, Hrsg. Magdeburger Geschichtsverein 1931.
Magdeburg, die tausendjährige Stadt, Friedrich Ernst Hübsch-Verlag GmbH Berlin (ohne Jahreszahl, etwa 1936, Hrsg. v. Oberbürgermeister der Stadt Magdeburg).
R. Hünicken, Studien über Heinrich von Halle, Thür.-Sächs. Zeitschrift f. Geschichte 23 (1935) 102–117.
G. Heinrich, Die Grafen von Arnstein (Mitteldeutsche Forschungen Bd. 21) Hrsg. von R. Oelsch, W. Schlesinger, L. E. Schmitt – Köln, Graz 1961.
Magdeburg und seine Umgebung, Akademie-Verlag Berlin 1973.
Aus der Geschichte des Magdeburger Domkapitels, von Berent Schwineköper: »Beiträge zur Geschichte des Erzbistums Magdeburg«, Hrsg. von Franz Schrader, St. Benno-Verlag Leipzig 1968.